FiNALE
Prüfungstraining

Nordrhein-Westfalen

Mittlerer Schulabschluss 2022
Deutsch

Lösungen

Andrea Heinrichs
Martina Wolff

Mit Beiträgen von
Harald Stöveken

Teil A Vorbereitung auf die Abschlussprüfung

Bei allen Lösungen zu Original-Prüfungsaufgaben, die in diesem Lösungsheft zu finden sind, handelt es sich um nicht amtliche Lösungen.

A Vorbereitung auf die Abschlussprüfung

A 1 Vorgaben für die Prüfung

Seite 5

1. 30 Minuten: Leseverstehen
   10 Minuten: Auswahl der Schreibaufgabe
   120 Minuten: Bearbeitung der Schreibaufgabe
   10 Minuten (Bonuszeit): wird einem der beiden Prüfungsteile zugerechnet oder auf Wunsch auf aufgeteilt

A 2.1 Das Leseverstehen: ein Beispiel

Seite 7

❶ Der Schüler/die Schülerin hat richtig geantwortet.

❷ a) trifft zu.

Seite 8

❸ Der Schüler/die Schülerin hat richtig geantwortet.

❹ Der Schüler/die Schülerin hat richtig geantwortet.

❺ c) trifft zu.

❻ Richtig wäre diese Antwort: Werbebotschaften auf Bildschirmen werden auf die Kunden an der Kasse persönlich abgestimmt.

❼ c) trifft zu.

❽ Der Schüler/die Schülerin hat richtig geantwortet.

Seite 9

❾ Der Schüler/die Schülerin hat richtig geantwortet.

❿ d) trifft zu.

⑪ d) trifft zu.

⑫ Der Schüler/die Schülerin hat richtig geantwortet.

A 2.2 Die Schreibaufgabe: ein Beispiel (Aufgabentyp 4a)

Seite 12

3.a) Gliederung und Unterthemen der Schreibaufgabe:
- Einleitung (Z. 1 – 3):
  Benennung von Titel, Autor, Textart (Kurzgeschichte, Erzählung), Thema
- Hauptteil (Z. 4 – 62):
  Z. 4 – 11: inhaltliche Zusammenfassung der Erzählung
  Z. 12 – 28: Darstellung dazu, welche Personen sich gegenüberstehen und welche Absichten sie verfolgen
  Z. 29 – 39: Beschreibung der Beziehung zwischen Mutter und Tochter; Einbezug von Textbelegen
  Z. 40 – 62: Untersuchung dazu, wie der innere Zwiespalt von Elsa durch sprachliche und formale Mittel deutlich gemacht wird (Wortwahl, Satzbau, Erzählform und Erzählverhalten); Erläuterung des Textendes
- Schluss (Z. 63 – 80):
  Text aus der Sicht von Elsa, aus dem deutlich wird, warum Elsa fluchtartig die Wohnung der Mutter verlässt, in dem die Gedanken deutlich werden, die Elsa hat, als sie durch die Stadt läuft, und der angibt, welche Sorgen sie sich macht.

b) Untersuchung des Schülertextes:
- Aspekte der Aufgabenstellung:
  – Aufgabe ❶ a: Z. 1 – 3
  – Aufgabe ❶ b: Z. 4 – 11
  – Aufgabe ❶ c: Z. 12 – 28
  – Aufgabe ❶ d: Z. 29 – 39
  – Aufgabe ❶ e: Z. 40 – 62
  – Aufgabe ❶ f: Z. 63 – 80
- Überprüfung, ob Absätze sinnvoll gesetzt sind:
  Der Schüler hat durchgängig passende Absätze gesetzt. Sie erleichtern den Lesefluss und die Bewertung, da er nach Beendigung eines jeden Aufgabenaspektes mit einem neuen Absatz beginnt.
- Genannte Textart und ihre Merkmale:
  Der Schüler hat die Textart „Kurzgeschichte" richtig zugeordnet und in seiner Einleitung benannt. Da die Aufgaben dies nicht erfordern, muss er in seiner Aufgabe nicht weiter darauf eingehen. Er hätte ebenso schreiben können, dass es sich bei dem Text um eine kurze Erzählung, also einen epischen Text, handelt.
- Aussagen mit Textbelegen:
  Z. 13 – 14: wörtliches Zitat zur Verdeutlichung von Elsas Situation
  Z. 16 – 19: wörtliches Zitat als Beleg für Elsas Flucht
  Z. 18 – 19: Textbelege zur Verdeutlichung von Elsas Zielen
  Z. 19 – 21: Textbelege zum Verhalten Elsas in der Stadt
  Z. 22 – 23: Textbelege zum Verhalten nach ihrer Rückkehr
  Z. 22 – 28: Textbelege zu den Gefühlen Elsas sowie zum Verhalten und zum Zustand der Mutter
  Z. 29 – 31: wörtliches Zitat zur Erläuterung der Gründe für das Verhalten der Mutter
  Z. 33 – 35: Textbelege und wörtliches Zitat zum Verhalten von Elsa
  Z. 43 – 46 und Z. 55 – 58: Textbelege und wörtliche Zitate zu den sprachlichen und formalen Mitteln
  Z. 46 – 48, Z. 51 – 54 und Z. 62: Textbelege und wörtliches Zitat zur Darstellung von Elsas Gedanken und Zielen und Erläuterung ihres Verhaltens

- Ergänzungen oder Streichungen:
  - Der Schüler hat die Absätze bereits sinnvoll gesetzt, um die Erarbeitungen zu den einzelnen Aufgabenaspekten voneinander abzugrenzen. Er hätte weitere Absätze dort setzen können, wo die Aufgaben durch zwei Operatoren noch einmal geteilt sind und zwei Arbeitsschritte erfordern, das heißt in Z. 23 (Trennung der Darstellung zu den beiden Personen), Z. 54 (innerer Zwiespalt, Ende der Kurzgeschichte).
  - In der Einleitung wird zwar das Thema der Kurzgeschichte dargestellt, doch die Absicht des Verfassers könnte als Vermutung ebenfalls einbezogen werden, um das erste Verständnis des Textes zu verdeutlichen, z. B.: *„Der Autor Walter Helmut Fritz möchte den Beziehungskonflikt zwischen einer Mutter und ihrer heranwachsenden Tochter verdeutlichen, der entsteht, weil die Tochter erwachsener wird und auf eigenen Beinen stehen will, die Mutter dies aber nicht realisiert."*
  - Insgesamt finden sich an einigen Stellen aufgrund der Ausführlichkeit Wiederholungen, so dass sich die Ausarbeitungen zu den einzelnen Aspekten überschneiden. Diese Stellen sowie auch die Anzahl der Textbelege und wörtlichen Zitate könnten bei Zeitmangel gekürzt werden.
- Text aus der Sicht von Elsa nachvollziehbar:
  Der abschließende Text aus der Sicht von Elsa ist recht ausführlich. Hier könnte bei Zeitmangel gekürzt werden (s. o.). Wichtig ist, dass der Text in der Ich-Form verfasst ist, die Fragen aus der Aufgabenstellung entsprechend beantwortet werden und der Text zum Inhalt der Erzählung passt.
- Ausdrücke und Wendungen, die ich mir merken sollte:
  In der Kurzgeschichte ... von ... aus dem Jahr ... geht es um ... / Also ... / Deswegen ... / Einerseits ... / Andererseits ... / Deshalb ... / Dadurch wird ... / Dieser wird durch die Er-/Sie-Erzählform und das personale Erzählverhalten für den Leser deutlich, denn der Erzähler übernimmt den Blickwinkel ... / ... deutet an, dass .../ Die Darstellung der Gedanken legt offen, dass ... / Hier wird durch eine Personifikation der innere Konflikt betont, denn ... / Damit wird ein Kontrast zwischen ... klar. Es zeigt sich, dass ... / ...

Seite 15

1. Bewertung:
   Die Lösung zur Analyse scheint insgesamt sinnvoll hergeleitet und verständlich. Sie enthält Erarbeitungen zu allen Aufgabenaspekten, ist sachlich richtig und stellenweise sehr genau und ausführlich. Ebenso werden im gesamten Text Textbelege oder wörtliche Zitate zur Veranschaulichung herangezogen. Stellenweise ließe sich der Text etwas straffen. So kann man aber erkennen, dass der Schüler sich sehr genau mit der Kurzgeschichte und den Teilaufgaben dazu beschäftigt hat. Diese Art der Darstellung entspricht in allen Teilen dem Bewertungsraster und ist daher sehr gut gelungen.

Teil B Arbeitstechniken

B Arbeitstechniken

B 1 Im Wörterbuch nachschlagen

Seite 16

1. – **exzessive** Nutzung: übertrieben, übermäßig, maßlos
   – **Risiken** (Mehrzahl von Risiko): Gefahren, Gefährdung
   – die **Probanden** (Mehrzahl von Proband): Testpersonen oder Versuchspersonen
   – **permanentem** Kommunikationsdruck: ununterbrochen, dauernd, ständig

2. diskutieren, einzigen, Menge, überflüssige (ein Wort), Mitteilungen, gestresst

B 2 Texte erschließen und Inhalte zusammenfassen – literarische Texte

Seite 17
1./2. individuelle Schülerlösung

B 3 Texte erschließen und Inhalte zusammenfassen – Sachtexte

Seite 19
1./2. individuelle Schülerlösung

B 4 Schaubilder auswerten

Seite 21/22
Schaubild A:
a) Thema: Medienbeschäftigung von Jugendlichen in der Freizeit (2018); Zahlenangaben: in Prozent; hellgraue Balken: tägliche Nutzung; dunkelgraue Balken: wöchentliche Nutzung; Vergleich zwischen täglicher und wöchentlicher Nutzung verschiedener Medien

b) Bei der täglichen Mediennutzung der Zwölf- bis 19-Jährigen sind Smartphone- (94 Prozent), Internet- (91 Prozent) und Musiknutzung (84 Prozent) an erster Stelle zu finden. Beliebt sind außerdem Online-Videos. Zwei Drittel der Jugendlichen (65 Prozent) sehen täglich Online-Videos. Immerhin noch knapp die Hälfte hört täglich Radio und 42 Prozent sehen täglich fern. Der Verbreitungsweg spielt dabei keine Rolle.

c) Bei der regelmäßigen Mediennutzung (also mehrmals pro Woche) sind wieder Internet-, Smartphone- und Musiknutzung an erster Stelle zu finden. Für neun von zehn Jugendlichen gehören Online-Videos zu den regelmäßig genutzten Inhalten. Das Fernsehen wird von fast drei Viertel der Jugendlichen mehrmals pro Woche genutzt, das Radio immerhin noch von 70 Prozent

Schaubild B:
a) Thema: Unterschiedliche Lebensweisen (Familie, Paare ohne Kinder, Alleinstehende); Zahlenangaben: in Prozent; Kreisausschnitte: unterschiedliche Farben zur Kennzeichnung der verschiedenen Lebensweisen; Vergleiche zwischen: 1996 und 2012

b) In je einem Kreisdiagramm für das Jahr 1996 und 2012 wird der Anteil von Familien, Paaren ohne Kinder und Alleinstehenden an Gesamtbevölkerung wiedergegeben. Auffällig ist, dass sich die Anzahl der Paare ohne Kinder so gut wie gar nicht verändert hat. Die Anzahl der Familien hingegen hat um sieben Prozent abgenommen, während die Anzahl der Alleinstehenden um sechs Prozent zugenommen hat.

c) Am meisten zugenommen hat die Lebensweise der Alleinstehenden. Die Anzahl der Paare ohne Kinder hat sich nicht wesentlich verändert. Auffällig ist, dass die Anzahl der Familien um sieben Prozent abgenommen hat, während die Anzahl der Alleinstehenden um sechs Prozent zugenommen hat.

Schaubild C:
a) Thema: Preisentwicklung für Telekommunikation, Zahlenangaben: ausgehend vom Verbraucherpreisindex für 2010 = 100; dunkelgraue Kurve: Festnetz und Internet, hellgraue Kurve: Mobilfunk, blaue Kurve: Gesamt; Vergleiche zwischen: Festnetz und Internet, Mobilfunk sowie Telekommunikation insgesamt im Zeitraum von 2000 bis 2013

b) Die Preise für Telekommunikation stiegen zwischen 2001 und 2003 besonders stark für den Mobilfunk an. Nachdem die Preise bis 2001 für Mobilfunk, Festnetz und Internet gefallen sind, stiegen die Kosten für Mobilfunk bis 2003 stark an, während Festnetz und Internet nur etwas teurer wurden. Bis 2006 glichen sich die Kosten in allen Bereichen an und fallen seitdem jedes Jahr. Telekommunikation wird immer günstiger.

c) In einem Kurvendiagramm wird die Preisentwicklung für Telekommunikation im Zeitraum von 2000 bis 2013 dargestellt. Verglichen wird dabei die Preisentwicklung für Mobilfunk mit der für Festnetz und Internet. Außerdem wird die Preisentwicklung für den gesamten Bereich dargestellt. Nachdem die Preise bis 2001 für Mobilfunk, Festnetz und Internet gefallen sind, stiegen die Kosten für Mobilfunk bis 2003 stark an, während Festnetz und Internet nur etwas teurer wurden. Bis 2006 glichen sich die Kosten in allen Bereichen an und fallen seitdem jedes Jahr. Telekommunikation wird immer günstiger.

Seite 23
Schaubild A:
Das vorliegende **Balkendiagramm** stellt die „Medienbeschäftigung von Jugendlichen in der Freizeit" dar. Es wurde durch den **Medienpädagogischen Forschungsverbund Südwest** im Jahre 2018 veröffentlicht. Dazu wurden **1200** Jugendliche befragt. Auf der x-Achse kann man die **Prozentangaben** zu den Nennungen ablesen. Dabei stellen die hellgrauen Balken die **tägliche Nutzung** dar, während die dunkelgrauen Balken die **wöchentliche Nutzung** verdeutlichen. Das heißt, die Studie ermöglicht einen Vergleich zwi-

schen täglicher und wöchentlicher Nutzung. Auf der y-Achse sind die **Medien** aufgelistet, die Jugendliche nutzen. Die Auflistung beginnt mit dem am häufigsten genannten Medium und endet mit dem am wenigsten genannten. Bezüglich der täglichen Mediennutzung werden **Smartphone nutzen** (94 Prozent), Internet (**91 Prozent**) und **Musik hören** (**84 Prozent**) besonders häufig genannt. Beliebt sind außerdem **Online-Videos** (65 Prozent). Mindestens mehrmals pro Woche nutzen die Jugendlichen insbesondere **Streaming-Dienste** (34 Prozent), gefolgt von Fernsehen (**31 Prozent**) und **digitalen Spielen** (**28 Prozent**). Zusammenfassend ist festzustellen, dass für viele Jugendliche das **Internet** im Alltag mittlerweile eine große Bedeutung hat.

Schaubild B:
Das **Kreisdiagramm** mit dem Titel „Familien, Paare ohne Kinder, Alleinstehende", veröffentlicht im Jahre 2012, befasst sich mit den unterschiedlichen **Lebensweisen**. Diese Aufschlüsselung wurde vom **Statistischen Bundesamt** in Wiesbaden veröffentlicht. Das Schaubild besteht aus zwei **Kreisen**, die durch die Anordnung einander gegenübergestellt werden können. Der äußere Kreis enthält **Prozent**-Angaben zum Jahr **2012**, während der **innere Kreis** Angaben zum Jahr **1996** darstellt. Durch den Vergleich beider Angaben lässt sich ermitteln, dass sich im angegebenen Zeitraum, also von 1996 bis 2012, die Anzahl der Familien um 7 % auf **28 %** verringert hat. Demgegenüber hat der Anteil der Alleinstehenden um **6 %** zugenommen, denn er ist von 38 % auf 44 % gestiegen. Nahezu gleich geblieben ist der Anteil der **Paare ohne Kinder** (1996: 28 %, 2012: **29 %**). Insgesamt verdeutlicht das Kreisdiagramm die Tendenz, dass Menschen eher allein leben. Allerdings enthält das Schaubild keine Angaben über das Alter der Befragten.

Schaubild C:
Das **Verlaufsdiagramm**, das den Titel Preisentwicklung **Telekommunikation** trägt, stellt die Preisentwicklung für Telekommunikation im Jahr **2010** dar. Diese wurde erhoben durch das Statistische Bundesamt in **Wiesbaden**. Auf der **x-Achse** sind die Jahreszahlen ablesbar, während auf der **y-Achse** Angaben zum Verbraucherpreisindex gemacht werden. Ausgehend vom Verbraucherpreisindex (2010 = 100) sind die **Preisentwicklungen** als Kurven für „Mobilfunk" (hellgraue Kurve), „Festnetz und Internet" (**schwarze Kurve**) kombiniert und „insgesamt" (**blaue Kurve**) über den Zeitraum von **2000** bis **2013** abzulesen. Dabei fällt auf, dass, nachdem die Preise bis **2001** für Mobilfunk, Festnetz und Internet **stark gefallen sind**, die Kosten für den **Mobilfunk** zwischen 2001 und **2003** besonders stark anstiegen. Festnetz und **Internet** wurden nur etwas teurer. Bis **2006** glichen sich die Kosten in allen Bereichen an und **fallen** seitdem jedes Jahr. Das heißt zusammenfassend betrachtet, Telekommunikation wird tendenziell **günstiger**.

Teil C Strategien zur Bearbeitung von Schreibaufgaben

C Strategien zur Bearbeitung von Schreibaufgaben

C 1.1 Was bedeutet die Aufgabenstellung „Informiere ..."?

Seite 24

1. Adressat: Schülerinnen und Schüler sowie Lehrkräfte
Situation/Thema: Info-Text zum Thema „Mehrsprachigkeit" für Vorbereitungsordner zum Projekttag „Sprachenreichtum an unserer Schule"
Schreibziel: Adressaten zur Vorbereitung des Projekttages über das Thema „Mehrsprachigkeit" informieren

2. • <u>Formuliere</u> für den Text eine passende Überschrift.
   • <u>Schreibe</u> eine Einleitung, in der du kurz <u>erklärst,</u> was Mehrsprachigkeit ist.
   • <u>Stelle</u> die Vorteile und die Herausforderungen <u>dar</u>, wenn man von Geburt an mehrsprachig aufwächst.
   • <u>Erläutere</u>, wie sich die Meinungen zu „Mehrsprachigkeit ab Geburt" geändert haben.
   • <u>Schlussfolgere</u> anhand der Materialien und eigener Überlegungen, warum Mehrsprachigkeit in der Zukunft noch wichtiger wird.
   • <u>Notiere</u> unterhalb des Textes die von dir genutzten Materialien.

C 1.5 Schreibaufgabe in sechs Schritten bearbeiten: Cornelia Funke

Seite 28

2. <u>Adressat:</u> Schülerinnen/Schüler, Lehrerinnen/Lehrer, Eltern
<u>Situation/Thema:</u> Lesung von Werken der Autorin Cornelia Funke anlässlich der Preisverleihung
<u>Schreibziel:</u> informierender Text über Cornelia Funke zur Vorbereitung der Lesung

3./4. individuelle Schülerlösung

Seite 34/35
5.–10. siehe Seite 29 im Lösungsheft

Seite 36
11. Mögliche Schülerlösung:

Sonderpreis des Deutschen Jugendliteraturpreises geht 2020 an die Autorin Cornelia Funke!

Die Auswahl ist getroffen: Die wohl erfolgreichste Jugendbuchautorin Deutschlands, Cornelia Funke, erhält den Sonderpreis des Deutschen Jugendliteraturpreises für ihr Gesamtwerk. Dies allein ist schon Grund genug dafür, sie und ihre Bücher an unserer Schule einmal vorzustellen. Darüber hinaus setzt sich die am 10. Dezember 1958 in Dorsten (Nordrhein-Westfalen) geborene Schriftstellerin, die eigentlich als Diplompädagogin ausgebildet, aber auch international sehr erfolgreich ist, auch noch für das Gemeinwohl ein. So ist sie seit 2010 beispielsweise offizielle Patin des Kinderhospizes Bethel und seit 2012 Botschafterin der UN-Dekade Biologische Vielfalt. Heute beschäftigt sie der Klimawandel sehr. Gerne illustriert sie auch die eigenen Kinder- und Jugendbücher, deren Gesamtauflage mehr als 31 Millionen weltweit beträgt und die mittlerweile in 50 Sprachen übersetzt wurden. Ebenso dienen sie als Hörbuchvorlagen oder als Muster zahlreicher digitaler Spiele sowie Apps. Der Durchbruch gelang der bekannten Autorin mit dem Roman „Herr der Diebe" (2000). Aber auch zum Beispiel die „Tintenherz"-Reihe (ab 2003), für die sie 2004 den „Preis der Jury der jungen Leser" und 2008 den „Deutschen Phantastik Preis für den besten Roman" erhielt, oder die Romane „Reckless: Steinernes Fleisch" (2010) und „Die Feder eines Greifs" (2016) zählen zu ihren erfolgreicheren Veröffentlichungen und werden von jugendlichen und erwachsenen Lesern nahezu verschlungen. Aus diesem Grund und da unsere Schule eine Lesung ihrer bekannten Werke veranstalten möchte, möchte ich die Autorin zunächst einmal vorstellen.

Cornelia Funke lässt ihre Leser in die Welt der Drachen und Ritter eintauchen und schreibt von Zauberei und Träumen, entführt als erfolgreichste Jugendbuchautorin Deutschlands Jugendliche und Erwachsene zugleich in magische Welten und schafft Märchenhaftes, das seinen Ursprung aber in der Realität hat, denn von dieser lässt sie sich stets inspirieren. Sicher kennen viele von euch bzw. Ihnen schon einige ihrer Romane und Geschichten. Sie verarbeitet in ihren Büchern Themen, die ihr vertraut sind – wie in der Romanreihe „Die wilden Hühner" (1993), in der es um pubertierende Mädchen mit all ihren Alltagsproblemen geht. Für sie sei es „eigentlich realistischer, fantastisch zu schreiben", sagt Funke in einem Interview mit Katrin Heise. Und so thematisiert sie Gefahren und lässt ihre Trolle, Zwergen- und Feenfiguren Abenteuer bestehen, deren Anregungen sie aus dem Alltag entlehnt, weil sie meint, dass Kinder sehr oft wüssten, wie gefährlich die Welt sei. Beim Lesen probierten sie dann aus, wie gefährliche Situationen gemeistert werden könnten, denn ein Buch vermittle ihnen diesbezüglich Sicherheit. Gleichermaßen beschäftigt Funke sich mit alten Mythen und Märchen – nicht nur den europäischen, sondern auch Amerikas, Persiens und Indiens. Um beispielsweise das neue Buch der Reihe „Reckless" zu schreiben, hat sie sehr viele Sachbücher über die Kultur Japans gelesen und fundiert recherchiert.

Wenn Funke arbeitet, schafft sie märchenhafte Realitäten, zu denen sie die Inspiration aus dem Alltag bezieht. Sie scheint vor solchen Ideen nur so zu sprudeln, denn ansonsten hätte sie in ihrem Schriftstellerleben nicht schon so viele Kinder- und Jugendbücher verfasst. So sagt sie selbst in einem Interview mit Kerstin Zilm: „[...] viele Figuren sind inspiriert von Kindern, die ich auf dem Bauspielplatz getroffen hatte." Damit spielt sie auf ihre Zeit als Erzieherin in Hamburg an. Da zu ihren weiteren Talenten auch das Zeichnen gehört, entwirft sie ihre Phantasiewelten und -gestalten zunächst als bunte, aussagekräftige Bilder sowie als Skizzen und ergänzt Recherchen, Fotos, Notizen – einige dieser 90 Notizbücher sind auch auf ihrer Homepage einsehbar. Dort sollten Interessierte unbedingt mal stöbern. Dabei arbeitet sie immer an mehreren Projekten gleichzeitig: Sie entwirft den Handlungsverlauf und überarbeitet ihn immer wieder, um Charaktere und Sprache auszufeilen. Parallel arbeitet sie dann auch schon weiter, beispielsweise an einem Kräuter- oder Alphabetbuch. Dabei entwickeln sich ihre Geschichten beim Schreiben. Seit einigen Jahren lebt und arbeitet Funke im kalifornischen Malibu (USA) auf einer Farm. Dort lässt sie sich von der Umgebung sowie dem kulturellen Hintergrund inspirieren – es handelt sich nämlich um altes „Indianerland". Wenn sie arbeitet, kennt sie keine Schreibblockaden. Sie glaubt eher, dass sich die Geschichten vor ihren Augen „verstecken". Damit meint sie, dass Geschichten sich erst nach einer gewissen Zeit entwickelten – dazu müsse man als Autor auch in Kauf nehmen, dass man hin und wieder auf Irrwege gerate: „[...] und du merkst eben manchmal auch, wenn du in die Hecke läufst [...]". Sie erklärt ihre Vorgehensweise in einem solchen Fall so, dass man die Handlung dann noch einmal überdenken müsse – sie empfindet solche Irrwege als aufregend und versucht, der Geschichte auf einem anderen Weg näherzukommen.

Bücher sind für Funke Lebensmittelpunkt – und das spürt man schon, wenn sie sich über ihre Arbeitsweise äußert. Auch dass sie Michelangelo, der über die Gestaltung seines Davids gesagt hat: „Der war doch da drin, ich musste den nur finden.", beispielhaft zitiert, zeigt ihre Leidenschaft hinsichtlich ihres Berufes. Bereits als Kind war sie selbst ein „Bücherwurm". Lesen und Eintauchen in andere Welten bezeichnet sie seit dieser Zeit als „Fenster und Türen" hinaus aus dem engen Kleinstadtleben ihrer Geburtsstadt Dorsten im Münsterland. Schon mit 14 engagierte sie sich bei Amnesty International; sie setzt sich ein für Gerechtigkeit und hat ein Herz für andere Menschen. Ihr unermüdliches Streben nach neuen Geschichten und auch ihre Arbeitsweise beweisen, dass sie nicht müde wird, Geschichten zu entwickeln und zu präzisieren, was sicher auch die Grundlage ihres Erfolgs ist. Und auch in der Gegenwart möchte sie andere an ihrem Erfolg teilhaben lassen, denn Funke vergibt Stipendien an junge Künstler, will ihre Mentorin sein und somit ihr Wissen weitergeben. Alles in allem wirkt Cornelia Funke leidenschaftlich, engagiert, gerecht, sensibel und offen – eine Grundhaltung, die letztlich auch in ihren Büchern zum Ausdruck kommt und sicher auch dafür sorgt, dass die Leserschaft diese ebenfalls mit Leidenschaft verschlingt. Wir können also auf die Lesung sehr gespannt sein!
Ich habe für meinen Text Informationen aus den Materialien M1 bis M6 genutzt.

C 2.1 Was wird bei der Aufgabenstellung „Analysiere ..." erwartet?

Seite 37

2. • Fasse den Text zusammen.
   • Stelle dar, welche Erwartungen Adrian an Stella hat und wie er sich ihr gegenüber verhält.
   • Untersuche, wie Adrian Stellas Körpersprache bei ihrer Begegnung wahrnimmt.
   • Erläutere, auf welche Weise durch sprachliche Mittel deutlich wird, wie enttäuscht Adrian von Stellas Verhalten ist (mögliche Aspekte: Wortwahl, stilistische Mittel, Satzbau).
   • Schreibe einen kurzen Text aus der Sicht Stellas am Ende der Begegnung.
     – Welche Gedanken hat Stella, als sie noch einmal über ihre Begegnung mit Adrian nachdenkt?
     – Wie bewertet sie ihr eigenes und Adrians Verhalten?
   Schreibe in der Ich-Form und berücksichtige die Informationen, die der Textauszug gibt.

3. b) Es wird unter anderem gefordert, die Informationen zu nutzen, die der Textauszug gibt. Außerdem wird nach konkreten sprachlichen und formalen Besonderheiten gefragt.

C 2.6 Schreibaufgabe (erzählender Text) in sechs Schritten bearbeiten: Marathon

Seite 42

2. – eine Einleitung schreiben (Titel, Autor, Textart, Erscheinungsjahr, Thema)
   – den Inhalt zusammenfassen
   – die Entwicklung der Sportlerkarriere des Sohnes darstellen und erklären, warum er die Ziele jeweils erreicht oder nicht
   – Beziehung zwischen Vater und Sohn erläutern und Textbelege anführen
   – untersuchen, wie verdeutlicht wird, dass der Druck des Vaters auf den Sohn diesen sein Leben lang begleitet und dies durch sprachliche und formale Mittel belegen (Satzbau, sprachliche Gestaltungsmittel, Erzählform und -haltung)
   – Auseinandersetzung mit der Äußerung, eigene Meinung darstellen, Begründung und Textbezüge

3./4. individuelle Schülerlösung

5. Druck, den ein Vater auf seinen Sohn ausübt; Erziehung des Vaters begleitet den Sohn, bis er sich auf seine Weise an seinem Vater rächen kann; Befreiung des Sohnes von den Zwängen seines Vaters

Seite 45 – 48
6.–12. siehe Seite 30/31 im Lösungsheft

Seite 49
13. Mögliche Schülerlösung:
In der kurzen Erzählung „Marathon" von Reinhold Ziegler, die dieser im Jahre 2001 verfasst hat, geht es um das schwierige Verhältnis eines Sohnes zu seinem Vater. Die Beziehung zwischen den beiden ist gestört, da der Vater den Sohn aufgrund seines übermäßigen Ehrgeizes so lange beeinflusst, bis dieser sich endlich von dem Druck befreien kann.
Bereits als der Sohn noch ganz klein ist, hat sein Vater große Erwartungen an ihn, denn dieser ist ebenfalls Sportler. Wenn der Sohn zurückdenkt, erinnert er sich an seine Kindheit, in der der Vater bereits ungeduldig auf den Laufstil seines Sohnes geachtet hat, denn er

ist stolz auf ihn und glaubt an sein Talent und seine Karriere. Mit 13 Jahren nimmt er an einem Laufwettbewerb teil und tritt gegen Ältere an. Sein Vater feuert ihn hemmungslos an und er beißt sich durch, sodass der Vater ihn lobt, weil der Ausgang des Rennens so knapp gewesen ist. Im Folgejahr gewinnt der Sohn das Rennen tatsächlich und wird als deutsches Talent und Olympiahoffnung gefeiert. Er vergisst, dass er seinen Vater aufgrund des ständigen Drucks eigentlich hasst. Der Sohn beginnt, Sport zu studieren, und trainiert weiter, verpasst aber die olympische Qualifikation. Er fängt nun an, für den Marathonlauf zu trainieren, ist aber nicht gut genug. Während des Besuchs zu Hause bei seinen Eltern fühlt er sich als Versager. Er geht mit seinem Vater einen Marathon laufen, obwohl dieser noch nie so lange gerannt ist. Doch der Sohn möchte sich insgeheim für den ständigen Druck in der Jugend rächen. Der Vater ist völlig erschöpft und muss aufgeben. Nach einer Weile realisiert er aber die eigentlichen Gefühle seines Sohnes und ist entsetzt. Der Sohn bemerkt, dass er seinen Vater nun nicht mehr hasst.

Der Sohn „muss" schon als Kind lernen, wie er richtig zu laufen hat (Z. 4). Der Vater trainiert ständig mit ihm und feuert ihn an (Z. 4 – 34). Er ist stolz auf ihn und gibt mit ihm an (Z. 35 – 37). Mit 13 läuft er zum ersten Mal einen 5000-Meter-Lauf (Z. 40 – 47). Doch er tritt gegen 18-Jährige an. Die Vereinsmitglieder und der Vater feuern ihn an. Sein Vater läuft sogar neben ihm her. Der Sohn gewinnt zwar nicht, doch der Vater scheint dennoch zufrieden zu sein (Z. 61 – 67), sodass der Sohn dieses Lob in sich aufsaugt. Der Vater setzt das Ziel, den Lauf im folgenden Jahr zu gewinnen. Und so kommt es: im nächsten Jahr gewinnt der Sohn dasselbe Rennen (Z. 80 – 83). Der Druck auf ihn verstärkt sich durch die Medien: „das große deutsche Talent" (Z. 85), „unsere Olympiahoffnung" (Z. 86). Durch diesen Erfolg wird aber der Hass auf den Vater geringer. Während des Sportstudiums wird das Training professioneller (Z. 91 – 98), doch der Sohn verpasst die Olympianorm. Das führt zu einer Ernüchterung und zur Umstellung des Trainings mit Ziel des Marathonlaufes (Z. 101 – 102). Doch auch dafür ist er nicht gut genug, sodass die Trainingsmethoden des Vaters nicht den gewünschten Erfolg bringen.

Vater und Sohn haben ein schwieriges Verhältnis, da der Vater seinen Sohn von klein auf durch das Training und seine Erwartungshaltung unter Druck gesetzt hat (Z. 1 – 39). Der Ich-Erzähler meint sogar, seinen Vater später zu hassen, während er dies als Kind noch nicht tat (Z. 1 – 3). Somit handelt es sich nicht um ein normales Vater-Sohn-Verhältnis, sondern der Vater erscheint durch seinen übermäßigen Ehrgeiz wie ein Antreiber. Solange das Training und der Sport Erfolge bringen, scheint das Verhältnis für den Sohn in Ordnung zu sein und er wächst innerlich durch das Lob des Vaters (Z. 61 – 67, Z. 80 – 90). Als Kind jedoch und als die gewünschten Erfolge ausbleiben, hasst der Junge seinen Vater für den ständigen Erfolgsdruck und – wie sich später herausstellt – er kann der Erwartungshaltung des Vaters nicht gerecht werden (Z. 106 – 110).

Durch die verwendete Form und Sprache wird deutlich, dass der Druck des Vaters den Sohn bis zu dem Ereignis bei seinem Besuch begleitet hat, denn der Sohn denkt immer wieder an die Anweisungen seines Vaters – auch als er schon studiert. Dies wird zum Beispiel durch die Wiederholungen erkennbar: „Auf, auf!" (Z. 25, 38/39, 53, 96) oder „Schritt, Schritt, ein – Schritt, Schritt, aus" (Z. 28/29, 57/58 ...). Die Äußerungen verfolgen ihn, weil der Vater sie immer wieder beim Training gerufen hat. Der Ich-Erzähler nutzt viele Vergleiche, wie z. B. „[...] der eben ging, wie ein Kind geht [...]" (Z. 14/15). Hier wird deutlich, dass er eigentlich ein ganz normales Kind war. Auch die Beschreibungen seines Bemühens während der Wettkämpfe („[...] lief wie bewusstlos [...]", Z. 57) verdeutlichen, dass er zwar sein Bestes gegeben hat, aber doch nie der Erwartungshaltung des Vaters gerecht werden konnte, da diese im Grund viel zu hoch war. Zudem wird sie später im Studium durch die Medien noch gesteigert (Z. 85/86). Der Sohn klammert sich an das Lob des Vaters: „Gut gemacht, Läuferlein" (Z. 61), weil er selber nach Bestätigung sucht. Durch einen metaphorischen Vergleich wird deutlich, wie sehr der Sohn sich nach der Anerkennung des Vaters sehnt: „Und ich nahm diese Worte und schloss sie ein wie einen Edelstein, den man immer wieder ganz allein hervorholt, um ihn zu betrachten." (Z. 62 – 66). Später im Studium wird deutlich, dass das ganze Training in der Jugend nicht zu dem gewünschten Erfolg geführt hat: „[...] für die Welt, die ganze, große Welt, war ich auch hier nicht gut genug." (Z. 108 – 110).

Durch die Ich-Erzählform und die teilweise eher distanzierte Erzählhaltung wirkt die Darstellung zuweilen wie ein Bericht, in dem der Sohn den Verlauf von Kindheit und Jugend zusammenfasst. Damit leitet er auf das Ende hin. Und so behandelt der Sohn den Vater bei seinem Besuch zu Hause ebenso, wie dieser ihn in all den Jahren seiner Jugend behandelt hat: Sie laufen gemeinsam einen Marathon und der Sohn treibt den Vater an, obwohl er weiß, dass dieser seine Grenzen überschreiten muss, denn er ist mittlerweile alt. Außerdem ist er noch nie Marathon gelaufen (Z. 127 – 129), kann es also gar nicht schaffen. Dazu nutzt er dieselbe Wortwahl wie sein Vater damals: „Auf, auf!" (Z. 155). Fast schadenfroh wünscht er sich, ihn umzubringen (Z. 143), will ihn „winseln" (Z. 144) hören. Der Ausdruck „das letzte Rennen meines Lebens" (Z. 164 – 165) zeigt, dass der Sohn in dieser Situation mit dem Vater abrechnet, und er geht als Sieger hervor: „[...] und niemand konnte mich daran hindern, es für immer zu gewinnen." (Z. 166 – 167). Als der Vater hilflos zusammenbricht, merkt der Sohn, dass ihm diese Reaktion als Rache reicht. Der Text endet mit den parataktischen Sätzen (Z. 194 – 195): „Ganz ruhig, fast gelassen. Nebeneinander.", die einen Abschluss des Konflikts signalisieren.

Ein Mitschüler sagt über den Text, er finde, der Sohn sei zu seinem Vater zu gemein gewesen, obwohl dieser doch nur sein Bestes wollte. Er meint damit, dass er den Vater zu einem Marathonlauf gezwungen habe, obwohl er genau weiß, dass der Vater noch keinen gelaufen (Z. 127 – 129) und zudem auch schon alt ist.

Teil C Strategien zur Bearbeitung von Schreibaufgaben

Meiner Ansicht nach ist die Reaktion des Sohnes aber nachvollziehbar, da der Vater durch seine übermäßige Erwartungshaltung den Alltag des Sohnes von Kind an bestimmt hat. So hat er Druck aufgebaut und im Prinzip verursacht, dass der Sohn keine richtige Kindheit hatte (Z. 20–39), weil er immer nur trainieren und an Wettkämpfen teilnehmen musste. Der Sohn musste sich ständig mit anderen messen (Z. 40–47) und durfte nicht selber über sein Leben entscheiden. Ein offenes Gespräch mit dem Vater wäre vermutlich nicht möglich gewesen. Der Sohn will den Vater am eigenen Leib spüren lassen, wie es ist, ständig angetrieben zu werden, aber letztlich doch zu versagen. Und so merkt der Vater abschließend doch, dass er sich nicht richtig verhalten hat. Daher denke ich, dass der Test des Sohnes am Ende nicht gemein war, sondern eher sinnvoll für die Beziehung der beiden gewesen ist.

C 2.7 Schreibaufgabe (Gedicht) in sechs Schritten bearbeiten: Sachliche Romanze

Seite 50

2. – Einleitung formulieren (Titel, Autor, Textart, Thema, Erscheinungsjahr)
   – Inhalt zusammenfassen
   – dargestellte Beziehung beschreiben + Textbelege
   – untersuchen, wie durch Sprache und Form verdeutlicht wird, dass Liebe verloren gegangen ist (Strophen, Reimschema, Wortwahl, sprachliche Gestaltungsmittel)
   – Erklärung des Titels „Sachliche Romanze" + Textbelege
   – Text aus der Sicht einer Figur in der Ich-Form verfassen

3./4. individuelle Schülerlösung

5. Beziehung zwischen zwei Partnern nach acht Jahren; Alltagstrott, Gewohnheit, verlorene Liebe, ggf. gescheiterte Ehe; Kommunikationsprobleme zwischen zwei Partner (Mann und Frau), die mit ihren Problemen nicht umgehen können

Seite 52–55

6.–12. siehe Seite 32/33 im Lösungsheft

Seite 55

13. Mögliche Schülerlösung:

    In dem Gedicht „Sachliche Romanze" von Erich Kästner, das dieser im Jahre 1928 verfasst hat, geht es um eine Beziehung zwischen zwei Partnern, die nach acht Jahren der Gewohnheit zum Opfer fällt und daher lieblos erscheint. Beide Partner – Frau und Mann – können nichts dagegen unternehmen.
    Ein Paar stellt nach acht Jahren Beziehung fest, dass die Liebe plötzlich nicht mehr da ist. Obwohl sie versuchen, die Beziehung durch den Austausch von Zärtlichkeiten aufrecht zu erhalten, sind sie traurig und ratlos, denn ihre Bemühungen haben keinen Erfolg. Am Nachmittag besuchen sie wie immer ein Café im Ort und vertreiben sich die Zeit, indem sie aus dem Fenster schauen und den Geräuschen rundherum lauschen. Sie bleiben dort sprachlos bis zum Abend sitzen.
    Die Beziehung der beiden ist dem Alltagstrott und der Gewohnheit verfallen (V. 2), denn Frau und Mann stellen fest, dass ihre Liebe „abhanden" (V. 3) gekommen ist. Das belastet die beiden Partner, doch sie wollen diese Tatsache nicht wahrhaben (V. 5), denn sie verhalten sich anders als sie eigentlich fühlen (V. 5) und verharren eher passiv in ihren Rollen. Frau und Mann gehen mit dieser Feststellung unterschiedlich um, denn die Frau weint und er steht nur hilflos daneben (V. 8), doch beide wissen sich im Grunde nicht zu helfen (V. 7). Daher scheint die Beziehung eigentlich am Ende zu sein, obwohl am Schluss deutlich wird, dass sie diese Tatsache nicht begreifen können (V. 17).
    Die Partner müssen nach acht Jahren feststellen, dass die Liebe ein Gefühl ist, das vergehen kann (V. 3). Dieser Vorgang wird durch einen Vergleich (V. 4) als gewöhnlich dargestellt. Er wirkt ein wenig alltäglich, da die Liebe hier mit einem „Hut" oder „Stock" verglichen wird. Unterstützt wird dieser Eindruck durch die verwendeten Kreuzreime sowie durch den gleichmäßig klingenden Rhythmus, der zum Teil fast ironisch klingt. Die Beschreibung „[sie] versuchten Küsse" (V. 6) zeigt, dass Frau und Mann sich durchaus bemühen, die Beziehung aufrecht zu erhalten, doch der folgende Vergleich („[…] als ob nichts sei", V. 6) zeigt, dass sie sich nicht mit den wahren Gründen auseinandersetzen, sondern einfach in ihrem Alltagstrott weitermachen. Verstärkt wird dieser Eindruck durch die Verknüpfung der Sätze mit der Konjunktion „und" (V. 7), wodurch der Alltagstrott deutlich wird. Ihre Hilflosigkeit zeigt sich besonders in den aufeinanderfolgenden Hauptsätzen („Da weinte sie schließlich. Und er stand dabei.", V. 8). Die Frau reagiert emotional, der Mann sollte sie eigentlich trösten, doch er weiß nicht, was er machen soll. In der dritten Strophe wird das unpersönliche Fürwort „man" (V. 9) verwendet, wodurch die Situation versachlicht und allgemein übertragbar gestaltet wird. Auch Nebensächliches wird erwähnt: „Nebenan übte ein Mensch Klavier." (V. 12). In der vierten Strophe werden Parallelismen als Aufzählung der Handlungen verwendet (V. 13–V. 17): Die Partner sitzen wortlos bis zum Abend nebeneinander. Obwohl sie die schwierige Situation und ihr Beziehungsproblem erfasst haben, unternehmen sie nichts, sondern können „[…] es einfach nicht fassen." (V. 17).
    Der Titel „Sachliche Romanze" ist ein Oxymoron, d. h. eine Verknüpfung von sich eigentlich ausschließenden Begriffen. Damit verdeutlicht Kästner die verlorene Liebe, denn die Beziehung ist keinesfalls romantisch oder als liebevoll zu bezeichnen, sondern wirkt nach außen hin gefühlskalt und ist durch Untätigkeit geprägt. Zwar befinden sich beide Partner in einer Beziehung (V. 1, V. 3, V. 17), doch das Verhältnis ist mit Unterstützung durch die formale und sprachliche Darstellung als eher „sachlich" zu beschreiben, was z. B. durch den parataktischen Satzbau und die Parallelismen deutlich wird. Die Partner haben sich nichts mehr zu sagen und auch der Austausch von Zärtlichkeiten wirkt gewöhnlich. Der Sprecher im Gedicht ist gestaltlos und beschreibt die Situation als Beobachtender, was den sachlichen Cha-

Teil C Strategien zur Bearbeitung von Schreibaufgaben

rakter ebenfalls verstärkt. Insofern beschreibt der Titel genau den Inhalt des Gedichts.

<u>Text aus Sicht der Frau:</u>
Was ist nur passiert? Wir kennen uns seit 8 Jahren und auf einmal ist alles so gleichgültig geworden. Keiner will sich eingestehen, dass unsere Beziehung dem Alltag zum Opfer gefallen ist und wir uns nichts mehr zu sagen haben. Manchmal bin ich deswegen so traurig, dass ich nicht mehr weiterweiß, aber er tröstet mich nicht einmal. Stattdessen steht er einfach nur sprachlos neben mir. Dass von ihm so überhaupt keine Reaktion kommt, finde ich am allerschlimmsten. Als ich neulich weinen musste, hat er mich nicht einmal in den Arm genommen. Momentan weiß ich deshalb nicht, was ich noch für ihn fühlen soll, bin irgendwie nur noch aus Gewohnheit mit ihm zusammen. Aber irgendetwas in mir, und vielleicht auch in ihm, will die Beziehung doch aufrecht erhalten, sonst hätten wir doch neulich nicht noch den ganzen Nachmittag gemeinsam in dem Café gesessen, sondern wären da schon getrennte Wege gegangen. Ich kann einfach nicht fassen, dass das gerade uns passiert ist. Schließlich waren wir so verliebt und haben uns fest vorgenommen, gut auf unsere Beziehung Acht zu geben. Trotzdem sind wir jetzt in dieser schrecklichen Situation.

C 3.1 Was bedeutet die Aufgabenstellung „Untersuche und vergleiche ...?"

Seite 57
2. <u>Untersuche</u> die Materialien M1, M2 und M3.
   Gehe dabei so vor:
   - <u>Benenne</u> das gemeinsame Thema von M1, M2 und M3.
   - <u>Fasse</u> die Informationen aus M1a und M1b <u>zusammen</u>.
   - <u>Stelle</u> die Aussagen aus M2 und M3 mit eigenen Worten <u>dar</u>. Vergleiche die Positionen im Hinblick auf die Auswirkungen, die „Self-Tracking" auf das Leben der Menschen haben kann.
     Belege deine Ausführungen am Text.
   - <u>Setze dich</u> kritisch mit der folgenden Aussage eines Mitschülers <u>auseinander</u>:
     „Jeder sollte danach streben, das Beste aus sich herauszuholen, und dafür auch digitale Hilfsmittel nutzen."
     – <u>Nimm Stellung</u> zu der Aussage.
     – <u>Begründe</u> deine Meinung.
     – <u>Beziehe dich</u> dabei auch auf die Materialien M1 bis M3.

3. – Kernaussagen aus M2 und M3 in Beziehung setzen
   – Textstellen angeben, die Auswirkungen nennen, die „Self-Tracking" auf das Leben der Menschen haben kann
   – Textbelege angeben

C 3.5 Schreibaufgabe in sechs Schritten bearbeiten: Computerspielen als Chance?

Seite 61
2. Ich soll die Materialien M1 und M2 in einem zusammenhängenden Text untersuchen und miteinander vergleichen. Dazu bearbeite ich verschiedene Teilaufgaben.

3./4. individuelle Schülerlösung

5. Material 1:
   – Computerspielen als Chance?
   – Spiele fördern verschiedenste Fähigkeiten und Kompetenzen
   – auch Computerspiele sind Spiele und fordern von den Spielern verschiedene Fähigkeiten und Fertigkeiten, sie sind somit Lernspiele und Lernhilfen
   – man muss mit einer Menge an Informationen umgehen können, um bei einem Computerspiel erfolgreich zu sein
   – Computerspiele fördern Kompetenzen in fünf verschiedenen Dimensionen: Förderung von Sensomotorik, Förderung kognitiver Kompetenz, Förderung von Medienkompetenz, Förderung sozialer Kompetenz, Förderung persönlichkeitsbezogener Kompetenz → diese Fähigkeiten sind für das Berufsleben des 21. Jahrhunderts enorm wichtig
   – Risiken im Zusammenhang mit Computerspielen: mehrere Stunden am Tag spielen → Rückenbeschwerden vom stundenlangen Sitzen, Augenschmerzen vom unentwegten Anstarren des Bildschirms, Verspannungen und Krämpfe durch fehlende Bewegung
   – als computerspielsüchtig bzw. gefährdet gelten ungefähr drei Prozent der Jungen und 0,4 Prozent der Mädchen, sie spielen täglich mehr als fünf Stunden, also pro Woche mehr als 35 Stunden
   – Auswirkungen von Computerspielen mit gewalttätigen Inhalten auf die Spielenden sind nach wie vor umstritten, die meisten Forscher sind sich darüber einig, dass die Spiele allein keine Gewalttaten hervorrufen, aber eine deutlich aggressionsfördernde Wirkung auf die Persönlichkeit des Spielers haben können → Abstumpfen gegenüber Gewalt sowie ein verringertes Mitleidsgefühl

6. Material 2:
   – Diagramm (JIM-Studie 2020, Medienpädagogischer Forschungsverbund Südwest)
   – Thema: Nutzungsfrequenz digitaler Spiele 2020
   – digitale Spiele = Computer-, Konsolen-, Online-, Tablet- und Smartphonespiele
   – Nutzungshäufigkeit wird folgendermaßen angegeben: täglich/mehrmals pro Woche; einmal pro Woche – einmal pro 14 Tage; einmal im Monat – seltener; nie
   – befragt wurden: Jungen und Mädchen im Alter von 12 – 13, 14 – 15, 16 – 17 und 18 – 19 Jahren
   – aufgegliedert wird nach Schulformen (Haupt-/Realschule und Gymnasium)
   – Insgesamt spielen rund 68 Prozent aller Jugend-

lichen im Alter von 12–19 Jahren täglich bzw. mehrmals pro Woche digitale Spiele.
- Jungen spielen deutlich häufiger als Mädchen → 79 Prozent der Jungen im Alter von 12 bis 19 Jahren spielen täglich bzw. mehrmals pro Woche digitale Spiele, aber nur 56 Prozent der Mädchen.
- Der Anteil der Jugendlichen, die täglich bzw. mehrmals pro Woche digitale Spiele spielen, sinkt mit zunehmendem Alter. Während in der Altersgruppe der 12- bis 13-Jährigen 78 Prozent täglich bzw. mehrmals pro Woche spielen, sinkt der Anteil unter den 16- bis 17-Jährigen bzw. den 18- bis 19-Jährigen auf 62 bzw. 61 Prozent. Im Vergleich dazu steigt auch der Anteil der Jugendlichen, die niemals digitale Spiele spielen (12–13 Jahre: 6 Prozent; 16–17 bzw. 18–19 Jahre: 11 Prozent bzw. 8 Prozent).
- Schüler der Haupt-/Realschule spielen häufiger digitale Spiele als Schüler des Gymnasiums (Haupt-/Realschule: 73 Prozent spielen täglich/mehrmals die Woche, Gymnasium: 65 Prozent).

Seite 64–66
7.–14. siehe Seite 34/35 im Lösungsheft

Seite 66
12. Ein Medienforscher hat gesagt, dass er dafür ist, dass Jugendliche unter 18 Jahren Computerspiele mit aggressivem Inhalt nicht kaufen dürfen. Der Grund dafür ist, dass er nicht möchte, dass Spieler unter 18 Jahren süchtig bzw. sozial auffällig werden.

14. Meiner Meinung nach kann man zwar fordern, dass Spiele mit gewalttätigem Inhalt nicht an Jugendliche unter 18 Jahren verkauft werden dürfen, aber in der Wirklichkeit lässt sich das nicht so leicht durchsetzen. Ein Verbot des Verkaufs von solchen Spielen, die oft über das im Internet vertrieben werden, lässt sich nur schwer kontrollieren. Ich selbst habe einige Freunde, die bereits 18 sind, und die mir ein entsprechendes Spiel besorgen würden, wenn ich sie darum bitten würde.
Außerdem ist noch nicht sicher nachgewiesen worden, dass sich Computerspiele mit gewalttätigem Inhalt negativ auf die Spielenden auswirken.

Seite 67
15. Mögliche Schülerlösung:
In beiden Materialien geht es um das Thema Computerspiele bzw. digitale Spiele. Material 1 mit dem Titel „Computerspielen als Chance?" beschreibt die positiven Auswirkungen von Computerspielen, gleichzeitig werden aber auch Risiken genannt. Der Text von Harald Stöveken aus dem Jahr 2016 basiert auf verschiedenen Internetartikeln und Zeitschriftenbeiträgen.
Das Material 2 trägt den Titel „Digitale Spiele: Nutzungsfrequenz 2020". Das Diagramm aus der JIM-Studie 2020 des Medienpädagogischen Forschungsverbundes Südwest gibt an, wie häufig Jugendliche der Altersgruppen 12–13 Jahre, 14–15 Jahre, 16–17 Jahre und 18–19 Jahre digitale Spiele spielen. Darüber hinaus gibt es noch Informationen zur Spielhäufigkeit nach Geschlecht und Schulform.

Material 1 befasst sich mit dem Thema, ob Computerspiele als Chance zu bewerten sind. In diesem Zusammenhang wird zunächst einmal einleitend festgestellt, dass Spiele an sich durchaus positive Auswirkungen auf den Spielenden haben. Und da auch Computerspiele Spiele sind, haben sie auch positive Auswirkungen auf die Spieler, da sie ihnen unterschiedlichste Fähigkeiten und Kompetenzen abfordern und somit auch als Lernspiel und Lernhilfe dienen.
Der Text verweist in diesem Zusammenhang auf Untersuchungen, die ergeben haben, dass Computerspiele bei den Spielenden Kompetenzen und Fähigkeiten fördern, die im Berufsleben heutzutage grundlegend sind. Der Text lässt aber auch die negativen Auswirkungen, die Computerspiele unter Umständen haben können, nicht außer Acht. So führt insbesondere übermäßiges Spielen zu körperlichen Beschwerden wie Krämpfen oder Rücken- und Augenschmerzen ausgelöst durch mangelnde Bewegung und das ständige Starren auf den Bildschirm. Auch wenn die Frage, ob Computerspiele mit gewalttätigem Inhalt sich negativ auf die Spielenden auswirken, noch nicht abschließend geklärt werden konnte, lässt sich auf jeden Fall sagen, dass gerade diese Spiele zu einem Abstumpfen gegenüber Gewalt sowie einem verringerten Mitleidsgefühl führen können.
Jugendliche in Deutschland spielen heutzutage regelmäßig digitale Spiele. Material 2 zeigt in diesem Zusammenhang, dass digitale Spiele, zu denen ja auch Computerspiele zählen, bei Jugendlichen sehr beliebt sind. Insgesamt spielen 68 Prozent aller Jugendlichen im Alter von 12–19 Jahren täglich bzw. mehrmals pro Woche digitale Spiele, das fast drei Viertel aller Jugendlichen im Alter von 12–19 Jahren.
Jungen spielen dabei deutlich häufiger digitale Spiele als Mädchen: 79 Prozent der Jungen im Alter von 12 bis 19 Jahren spielen täglich bzw. mehrmals pro Woche digitale Spiele, aber nur 56 Prozent der Mädchen. Der Anteil der Jugendlichen, die täglich bzw. mehrmals pro Woche digitale Spiele spielen, sinkt insgesamt gesehen mit zunehmendem Alter. Während in der Altersgruppe der 12- bis 13-Jährigen 78 Prozent täglich bzw. mehrmals pro Woche spielen, sinkt der Anteil unter den 16- bis 17-Jährigen bzw. 18- bis 19-Jährigen auf 62 bzw. 61 Prozent. Im Vergleich dazu steigt auch der Anteil der Jugendlichen, die niemals digitale Spiele spielen (12–13 Jahre: 6 Prozent; 16–17 Prozent, 18–19 Jahre: 8 Prozent). Schüler der Haupt-/Realschule spielen insgesamt häufiger digitale Spiele als Schüler des Gymnasiums (Haupt-/Realschule: 73 Prozent spielen täglich/mehrmals die Woche, am Gymnasium sind es nur 65 Prozent der Schüler).
Computerspiele können, wie alle Spiele, positive Auswirkungen auf die Spielenden haben. Material 1 beschreibt einige dieser positiven Auswirkungen von Computerspielen auf die Spieler genauer. Computerspiele fördern demnach verschiedenste Fähigkeiten und Kompetenzen, wie z. B. die Sensomotorik (z. B. in der Auge-Hand-Koordination), kognitive Kompetenzen (z. B. im logischen Denken), die Medienkompetenz (z. B. im Umgang mit Computersoftware), soziale Kompetenz (z. B. Teamfähigkeit durch das Spiel in

der Gruppe) oder persönlichkeitsbezogene Kompetenzen (z. B. im Umgang mit Erfolg und Misserfolg). All diese Fähigkeiten werden im Berufsleben des 21. Jahrhunderts unbedingt benötigt. Computerspiele sind damit immer auch Lernspiele und gleichzeitig Lernhilfen.

Aber natürlich müssen auch die Probleme erwähnt werden, die im Zusammenhang mit Computerspielen auftreten können. Wer mehrere Stunden am Tag spielt, kann gesundheitliche Probleme bekommen, wie Rückenbeschwerden vom stundenlangen Sitzen, und Augenschmerzen vom unentwegten Anstarren des Bildschirms. Wer ständig mehr als 35 Stunden pro Woche spielt, gilt als computerspielsüchtig bzw. gefährdet. Das sind in Deutschland derzeit ungefähr drei Prozent der Jungen und 0,4 Prozent der Mädchen (siehe M1, Z. 81–84).

M2 nennt nicht direkt positive oder negative Auswirkungen von Computerspielen. Stattdessen informiert das Diagramm ganz allgemein über die Nutzungshäufigkeit digitaler Spiele. Gerade im Hinblick auf M1 sind sind die Zahlen aus M2 aber sehr interessant. Dort wird angegeben, dass im Jahr 2020 79 Prozent der Jungen im Alter von 12 bis 19 Jahren täglich bzw. mehrmals die Woche digitale Spiele spielen. Wenn man bedenkt, wie wenig Freizeit neben der Schule noch bleibt, macht diese Zahl deutlich, wie wichtig das Spielen digitaler Spiele für Jugendliche, insbesondere Jungen heute ist. Da Jungen auch besonders gefährdet sind, was die Sucht nach Computerspielen angeht (siehe M1), sollte man die Jugendlichen diesbezüglich gut aufklären. Hier könnten die Schulen aktiv werden. Da in M2 deutlich wird, dass viele Schüler der Haupt- und Realschule täglich bzw. mehrmals pro Woche digitale Spiele spielen, könnte ich mir vorstellen, dass es sinnvoll wäre, gerade an diesen Schulformen Aufklärungsarbeit über die Chancen und Risiken von Computerspielen zu leisten.

Somit ergänzt Material 2 die Aussagen aus Material 1, indem es unterstreicht, dass der übermäßige Konsum vom Computerspielen und die damit verbundenen negativen Auswirkungen (wie gesundheitliche Probleme oder gar eine Abhängigkeit) realistische Gefahren sind, die trotz aller positiven Auswirkungen, die Computerspiele auch haben können, bestehen.

Im Zusammenhang mit den negativen Auswirkungen von Computerspielen sind auch immer diejenigen Spiele mit aggressiven Inhalten zu nennen. Die meisten Medienforscher sind sich laut M1 zwar darüber einig, dass Spiele mit aggressivem Inhalt allein keine Gewalttaten hervorrufen. Aber sie können eine deutlich aggressionsfördernde Wirkung auf den Spieler haben. Und die jüngsten Amokläufe haben ja auch gezeigt, dass die jugendlichen Täter nachweislich harte Ballerspiele gespielt haben.

Die von einem Medienforscher gemachte Aussage, dass Computerspiele mit aggressivem Inhalt nicht an Jugendliche unter 18 Jahren verkauft werden sollen, damit diese nicht süchtig bzw. sozial auffällig werden, kann ich deshalb nachvollziehen. Sie lässt sich aber, meiner Meinung nach, in der Wirklichkeit nicht so leicht durchsetzen. Ein Verbot des Verkaufs von solchen Spielen, die oft über das im Internet vertrieben werden, lässt sich nur schwer kontrollieren. Wer will sicher überprüfen, ob der Käufer wirklich schon 18 ist? Außerdem habe ich beispielsweise auch einige Freunde, die bereits 18 sind, und die mir ein entsprechendes Spiel besorgen würden, wenn ich sie darum bitten würde. Außerdem ist der Zusammenhang zwischen Computerspielen mit aggressiven Inhalten und Gewalttaten nicht eindeutig nachgewiesen, wie es auch in M1 betont wird. Fest steht, dass solche Spiele auf einzelne Spieler eine deutlich aggressionsfördernde Wirkung haben können, weil sie zu einem Abstumpfen gegenüber Gewalt und einem verringertem Mitleidsgefühl führen können (Z. 93–97). Nicht jeder der „Ballerspiele" spielt, wird aber automatisch gewalttätig. Dabei spielen noch andere Faktoren, wie z. B. die Persönlichkeit des Spielers und sein soziales Umfeld, eine wichtige Rolle. Deshalb aber Spiele mit aggressivem Inhalt generell nicht an Jugendliche unter 18 Jahren zu verkaufen, halte ich für falsch. Ich finde, man sollte Jugendliche eher über die Gefahren aufklären, die Computerspiele bergen können, zumal die Materialien ja auch deutlich machen, dass diese durchaus ein gewisses Suchtpotential haben, insbesondere für Jungen. Wenn man Computerspiele bzw. eine bestimmte Art von Computerspielen aber komplett verbietet, macht man sie für die Jugendlichen nur noch interessanter.

Teil D Prüfungsaufgaben zum Themenbereich „Sprachkultur und Leselust"

D Prüfungsaufgaben zum Themenbereich „Sprachkultur und Leselust"

D 1 Leseverstehen: Lernt langsam lesen! (Original-Prüfung, angeleitetes Üben)

Seite 70

❶ c) trifft zu.

❷ c) trifft zu.

❸ d) trifft zu.

❹ c) trifft zu.

Seite 71

❺ b) trifft zu.

❻ Mit der Äußerung ist gemeint, dass das Lesen automatisch erfolgt, die Leserin erfasst den Text dabei als wäre sie eine Maschine. Sie genießt das Lesen nicht.

❼ a) trifft zu.

Seite 72

❽ c) trifft zu.

❾ b) trifft zu.

❿ b) trifft zu.

⓫ d) trifft zu.

⓬ Mit der Aussage ist gemeint, dass das langsame, ungehetzte Lesen eines Textes heutzutage zu etwas sehr Seltenem geworden ist, da das Leben der Menschen sehr hektisch ist. Gleichzeitig gibt es eine Vielzahl von medialen Angeboten, wie das Internet, zahlreiche Fernsehserien, aber auch ein riesiges Angebot von Büchern, was die Menschen vom intensiven Lesen ablenkt.

Seite 73

⓭ a) trifft zu.

⓮ Ich stimme der Aussage des Schülers zu, der sagt, dass „Slow-Reading-Clubs" eine gute Alternative zum einsamen Lesen zu Hause sind. Heutzutage setzt sich kaum noch jemand abends gemütlich aufs Sofa, um in Ruhe ein Buch zu lesen. Zu vielfältig sind die Ablenkungen durch Internet, Streaming-Dienste usw. Dabei vermissen viele Menschen das entspannte Lesen eines guten Buches durchaus. Die Idee der „Slow-Reading-Clubs" kann genau diesen Menschen dabei helfen, wieder zum Lesen zurückzufinden, in dem ein Raum geschaffen wird, der ihnen das Lesen erleichtert, weil es einen festen Termin und klare Regeln gibt.

D 2 Leseverstehen: Die neue Lust aufs Lesen (Original-Prüfung, selbstständiges Üben)

Seite 76

❶ d) trifft zu.

❷ c) trifft zu.

❸ Die aufwendig gestalteten Buchbesprechungen in den digitalen Medien führen zu einer neuen Lust auf Bücher und aufs Lesen.

❹ b) trifft zu.

❺ c) trifft zu.

Seite 77

❻ a) trifft zu.

❼ a) trifft zu.

❽ b) trifft zu.

❾ d) trifft zu.

❿ c) trifft zu.

Seite 78

⓫ Die Buch-Blogger sind für die Verlage mittlerweile von großer Bedeutung, da sie Bücher einer größeren Leserschaft präsentieren und diese für die Bücher begeistern. Sie machen also kostenlose Werbung.

⓬ a) 7; b) 5; c) 8; d) 6

⓭ c) trifft zu.

⓮ Ich stimme dem Schüler, der sagt, dass Buchblogs überflüssig sind, nicht zu. Gerade in einer Zeit, in der die digitalen Medien auf dem Vormarsch sind, ist es wichtig, dem Medium Buch neue Aufmerksamkeit zukommen zu lassen. Buchblogs sind dabei ein tolles Mittel, eine größere Leserschaft zu erreichen und die Freude am Lesen zu fördern.

D 3 Aufgabentyp 2: Sprachenreichtum an unserer Schule (Original-Prüfung, angeleitetes Üben)

Seite 83/84

2. – 7. Lösungshilfen zu den Aufgaben finden sich direkt im Arbeitsheft und lassen sich der nachfolgenden Musterlösung entnehmen.

Seite 84

8. Mögliche Schülerlösung:

Mehrsprachigkeit – Problem oder Chance für uns?
Das Thema Mehrsprachigkeit geht uns alle an, denn unsere Gesellschaft verändert sich zusehends und verschiedene Sprachen werden auch für uns immer wichtiger, gleichermaßen aber auch alltäglicher. Zur Vorbereitung unseres Projekttages „Sprachenreichtum an unserer Schule" am 1. Juli wollen wir Schüler und Lehrkräfte auf dieses Thema vorbereiten.
Was aber ist eigentlich unter dem Begriff Mehrsprachigkeit zu verstehen? Es gibt verschiedene Arten von Mehrsprachigkeit. Zum einen spricht man von der Mehrsprachigkeit, über die man von Geburt an verfügt, da man durch seine Eltern oder auch im näheren Um-

feld verschiedene Sprachen lernt. So kann es zum Beispiel sein, dass Mutter und Vater unterschiedliche Muttersprachen sprechen und diese dem Kind beibringen. Davon unterscheidet man die Mehrsprachigkeit, die über den Fremdsprachenunterricht erworben wird, wie zum Beispiel durch die Schulfächer Englisch oder Französisch. Die verschiedenen Arten von Mehrsprachigkeit unterscheiden sich also darin, wo die Sprachen erlernt werden und ob man die Sprachen schon von Geburt an oder erst später erwirbt, d. h. ob man sie in einer natürlichen Umgebung oder in der Schule lernt.

Jugendliche, die mehrsprachig aufwachsen, lernen von Geburt an zwei oder mehr Sprachen gleichzeitig. Das ist aber keine Herausforderung und auch nicht verwirrend, sondern wird als natürlicher Prozess wahrgenommen. Mehrsprachigkeit führt also nicht zu körperlichen oder sprachlichen Beeinträchtigungen. Jugendliche, die mehrsprachig aufwachsen, heben sich laut einer Studie von einsprachig erzogenen Jugendlichen durch bessere Schulleistungen ab. Dennoch kann es aber vorkommen, dass die Mehrsprachigen Vokabeln in einer Sprache nicht nennen können, diese dafür aber in der anderen Sprache problemlos verwenden können. Ebenso kann es sein, dass bei mehrsprachig aufgewachsenen Kindern der Wortschatz in den verschiedenen Sprachen unterschiedlich stark ausgeprägt ist. So benötigen diese Kinder zum Teil mehr Zeit, um etwa einen Gegenstand zu benennen.

In der 1960er Jahren untersuchten die kanadischen Psychologen Elizabeth Peal und Wallace Lambert, wie sich Mehrsprachigkeit auf Kinder auswirkt. Die gängige Meinung war bis dahin, dass Kinder, die mit zwei Sprachen aufwachsen, nicht intelligent seien und dass Zwei- bzw. Mehrsprachigkeit dumm mache. Zudem warnten Erziehungsexperten seit dem 19. Jahrhundert vor zweisprachiger Erziehung. Der Schotte Simon Somerville Laurie war beispielsweise der Meinung, dass durch die Erziehung in mehreren Sprachen das intellektuelle Wachstum des Kindes nicht verdoppelt, sondern verringert würde. Man ging davon aus, dass der gleichzeitige Erwerb von zwei Sprachen das Kind verwirre und zu Sprachstörungen führe, die letztlich die körperlichen und sprachlichen Entwicklungen beeinträchtigten würden. Diese Annahmen sind jedoch veraltet und mittlerweile vollkommen widerlegt. Heutzutage weiß man, dass die Vorteile deutlich auf Seiten der Mehrsprachler liegen, denn diese verfügen nachweislich über einen höheren IQ und erbringen in der Schule bessere Leistungen. Als die zwei Forscher in Kanada ein halbes Dutzend Schulen besuchten, um dort mit 10-Jährigen Schülerinnen und Schülern IQ-Tests zu machen, gab es nämlich erstaunliche Ergebnisse. Sie führten ihre Untersuchungen in Montreal durch, wo die Amtssprache Französisch ist, aber wo auch viele Schüler in den Familien Englisch sprechen. Die beiden Forscher dachten zu diesem Zeitpunkt noch, dass die mehrsprachigen Schüler bei den Intelligenzüberprüfungen, aber auch bei den Prüfungen in anderen Fachbereichen schlechter abschneiden würden als die einsprachig aufgewachsenen Kinder. Doch die Tests bewiesen das Gegenteil: Die Schülerinnen und Schüler, die mehrsprachig aufwuchsen, schrieben zum Teil bessere Noten und schnitten auch in den IQ-Tests besser ab – egal ob mündlich oder schriftlich. Es gab keine Aufgabentypen, in denen die einsprachig aufgewachsenen Schüler besser abschnitten. Heutzutage ist klar, dass Mehrsprachigkeit eher Vorteile mit sich bringt. Weitere Untersuchungen in den letzten Jahren ergaben, dass Mehrsprachigkeit nicht nur die Schulleistungen fördert, sondern auch bis ins hohe Alter positive Effekte mit sich bringt.

Daher ist es für die Zukunft eine gute Idee, Mehrsprachigkeit zu fördern. Zudem nimmt der Anteil mehrsprachig Aufwachsender zu und damit vervielfältigen sich auch die Möglichkeiten im Umgang miteinander, denn die Kommunikation mit Menschen aus anderen Ländern hat heutzutage auch einen größeren Stellenwert im Alltag – und das nicht nur im Urlaub. Auch im Beruf wird das Beherrschen verschiedener Sprachen immer wichtiger. Viele Firmen und Organisationen unterhalten Geschäftsbeziehungen mit dem Ausland, haben Dependancen und betreiben Import oder Export. Für diesen globalen Handel sind Fremdsprachenkenntnisse unerlässlich. So schafft Sprachvielfalt auch einen internationalen Vorteil. Aber auch im politischen Bereich gibt es Vorteile, da die Kommunikation Verständigung ermöglicht und gleichermaßen dazu führt, verschiedene Kulturen kennen zu lernen, was wiederum zu Toleranz und Integration führen kann. Mehrsprachler agieren als politische Vermittler zwischen verschiedenen Kulturen. Somit kann sich Sprachvielfalt auch positiv auf die Strukturen innerhalb einer Gesellschaft auswirken und zum friedlichen Miteinander beitragen, weil man den anderen und das Fremde verstehen kann. Auch die modernen Medien bedingen, dass die Nutzer zumindest Englisch als gemeinsame Verkehrssprache sprechen und verstehen müssen, um sich orientieren und zielorientiert handeln zu können. Ein weiterer Aspekt ist, dass auch die Anzahl der Mehrsprachler innerhalb der Gesellschaft immer weiter zunimmt. Statistisch gesehen sind ein Drittel bis die Hälfte aller Schüler mit mehreren Muttersprachen aufgewachsen, sodass Mehrsprachigkeit mittlerweile der Normalfall ist. So gibt es zum Beispiel auch viele Länder, in denen verschiedene Sprachen gesprochen werden, wie zum Beispiel Ghana mit Englisch und diversen afikanischen Sprachen oder Gibraltar mit Englisch, Spanisch, Italienisch und Portugiesisch. Zuwanderung bedingt automatisch Sprachenvielfalt. Diese als Chance zu sehen und zu nutzen, ist unsere Aufgabe. Daher sollte Mehrsprachigkeit nicht als Bedrohung oder Identitätsverlust, sondern als Wert und Chance unserer Gesellschaft gesehen und daher auch gefördert werden.

Für meinen Text habe ich alle Materialien genutzt.

D 4 Aufgabentyp 2: Sherlock Holmes (selbstständiges Üben)

Seite 85
Mögliche Schülerlösung:
Sherlock Holmes – Urbritischer Meisterdetektiv mit Postanschrift
Wer kennt ihn nicht, den britischen Meisterdetektiv? Wenn wir an Sherlock Holmes denken, haben wir alle das gleiche Bild vor Augen: Er trägt einen Inverness-Mantel, jenen wetterfesten, ärmellosen Mantel, unter dem die

Arme herausragen, eine Jagdkappe und eine Pfeife im Mund. Natürlich denken wir auch an die Lupe, die den analytisch-rational denkenden Detektiv symbolisiert, der genau beobachtet und messerscharf kombiniert.

Sherlock Holmes ist die Hauptfigur in vielen Romanen des britischen Schriftstellers Arthur Conan Doyle, der seinen Helden bereits 1886 erschuf. Holmes ermittelt an der Seite seines Freundes Dr. Watson. Und noch heute begeistert er in Serien und Filmen und sogar auf der Bühne.

Holmes ermittelt eigenwillig, doch mit für das Ende des 19. Jahrhunderts fortschrittlichen Methoden und zusätzlich viel Sachverstand. Die sogenannte „Holmes-Methode" folgt dem Prinzip der Deduktion. Das heißt, Holmes verfügt über eine sehr gute Beobachtungsgabe, kombiniert messerscharf und leitet dann das Besondere vom Allgemeinen ab. Dazu sammelt er möglichst viele objektive Tatsachen und Indizien, hört die Berichte seiner Klienten und leitet aus winzigen Kleinigkeiten dann für seine Leser oft überraschende Schlussfolgerungen her. Während Dr. Watson z.B. an einem alten Hut nichts Besonders finden kann (zu lesen im Roman „Der blaue Karfunkel"), ermittelt Holmes nach eingehender Prüfung, dass der Besitzer wohlhabend sein müsse, nun aber eher arm sei, dass er selten ausgehe und in körperlich schlechter Form sei. Zudem habe er graue Haare, die er mit Zitronencreme pflege, und nutze häufiger Talglichter. Und natürlich hilft die Holmes-Methode auch in diesem Fall, die Hintergründe zu beleuchten und den Täter zu ermitteln.

Der Autor Sir Arthur Conan Doyle, eigentlich Mediziner, veröffentlichte aufgrund seiner Leidenschaft für die Schriftstellerei 1886 die Erzählung „A Study in Scarlet", in der der Detektiv Sherlock Holmes zum ersten Mal erfolgreich ermittelt. Eigentlich hatte Doyle der Figur Holmes nie viel Bedeutung beigemessen, doch sein amerikanischer Verleger drängte ihn dazu, sich weitere Geschichten mit dem Meisterdetektiv auszudenken. Dabei wurden nicht die vier langen Kriminalgeschichten am erfolgreichsten, sondern 56 kurze Episoden, die als Fortsetzungsgeschichten erschienen, und dem Autor zu Wohlstand verhalfen, weil sie in mehr als 50 Sprachen übersetzt wurden. Allerdings schrieb Doyle die weiteren Geschichten widerwillig und nur auf Druck seines Verlegers sowie seiner vielen Leser, denn eigentlich wollte er sich nicht mehr mit seiner Figur befassen. Also ließ er Holmes 1893 seinen letzten Fall lösen und dabei sterben. In dem Kriminalroman „Das letzte Problem" kommt es zwischen Holmes und seinem Widersacher Prof. Moriarty zu einem Kampf, der an den Reichenbachfällen nahe dem schweizerischen Ort Meiringen stattfindet. Beide stürzen hinunter, sodass Holmes vermeintlicher Todestag am 4.5.1891 zu datieren ist. Die Entrüstung, die Conan Doyle damit hervorrief, war riesengroß. Seine Leser reagierten mit Protestbriefen und enttäuschten Kommentaren; sie trugen in vielen Städten sogar schwarze Armbinden aufgrund ihrer Trauer. In der Presse war gar von der Krankheit des „Sherlockismus" zu lesen. Diese Reaktionen und eine größere Geldsumme des Verlags brachten Sir Arthur Conan Doyle dann schließlich dazu, den Detektivhelden wieder auferstehen zu lassen. So veröffentlichte er 1902 den Roman „The Hound of Baskervilles", in dem erklärt wurde, Holmes habe sich nach dem Sturz mit letzter Kraft an einem Grasbüschel festhalten können.

Die Geschichten rund um den Londoner Detektiv dienten und dienen immer noch in vielen Ländern als Vorlage für Filme, Theaterstücke, Hörspiele und Comics. Aber auch auf andere Weise wird die Kunstfigur für uns Leser und die Fans am Leben erhalten: Für Holmes, eigentlich eine fiktive literarische Figur, wurde ein eigenes Museum in der Baker Street 221b errichtet, eine Adresse, die ihm auch der Autor Sir Arthur Conan Doyle zugewiesen hatte. Somit scheint die Existenz des Detektivs beinahe Wirklichkeit geworden zu sein. Die Besucher können in der Wohnung von Holmes herumspazieren, die ebenso eingerichtet ist, wie es in den Romanen beschrieben wurde. Es gibt sogar vermeintliche Erinnerungsstücke, die die Vorstellung noch realistischer machen. Damit ist Holmes eine der wenigen Romanfiguren mit Postanschrift. Fans können ihm sogar Briefe schreiben, die auch wirklich beantwortet werden. Dazu gibt es nicht nur in London, sondern auch in der Schweiz nahe der Reichenbachfälle ein Denkmal des britischen Superhelden. Die überlebensgroße Holmes-Statue und das Museum in Meiringen sind zur Pilgerstätte vieler Fans geworden.

Doch auch durch zahlreiche Filme und Serien wird die Kunstfigur am Leben erhalten. In heutiger Zeit als besonders erfolgreich ist die BBC-Serie „Serlock" hervorzuheben, die Charaktereigenschaften und Lebensweise des Detektivs in die Neuzeit transportiert, was bei den Holmes-Fans sehr gut ankommt. Aber auch auf die Bühne hat es der Meisterdetektiv schon geschafft: So wird am First Stage Theater in Hamburg derzeit das Musical „Sherlock Holmes – Next Generation" gespielt. Mit von der Partie sind Dr. Watson als Ermittlungspartner und Professor Moriarty als üblicher Verdächtiger. Modern wirkt das Stück durch Anspielungen auf die aktuelle Tagespolitik und durch Untermalung mit Livemusik.

Sherlock Holmes als typisch britischer Superheld strahlt auf viele Leser eine ungemeine Faszination aus, die nicht vergänglich ist, weil es dem Autor Arthur Conan Doyle schon im 19. Jahrhundert gelungen ist, den Charakter so zu gestalten, dass er aufgrund seines messerscharfen Verstandes und seiner guten Kombinationsgabe bewundernswert erscheint. Die Geschichten rund um Holmes sind spannend und laden zum Mitdenken ein, da der Stoff immer wieder anders präsentiert bzw. aktualisiert wird, und dadurch zu jeder Zeit Interesse weckt. Dabei scheint Holmes durch seine nahezu durchgängige Präsenz immer realer zu werden. So glauben viele Menschen immer noch, dass Holmes wirklich gelebt hat, weil Doyle das Handeln seiner Figur und die Umstände mit einer faszinierenden Genauigkeit kreiert hat, die uns alle begeistert. Das alles zusammen macht Sherlock Holmes für uns zum wohl bekanntesten Detektiv der Literaturgeschichte und damit zu einer Romanfigur, die unsterblich ist.

Ich habe für meinen Text Informationen aus den Materialien M1 – M6 verwendet.

D 5 Aufgabentyp 2: Comics (Original-Prüfung, selbstständiges Üben)

Seite 89
Mögliche Schülerlösung:

Comics – Vom Cartoon zur wertvollen Literatur
Fast jeder kennt sie – die Comic-Helden Donald Duck, Mickey Mouse, Superman oder Tim und Struppi. Fast jeder

hat schon einmal einen Comic durchblättert, die Bilder betrachtet oder über die grafisch dargestellten Ausrufe und Geräusche geschmunzelt. Und es gibt nicht wenige, die ganze Comicsammlungen horten. In unserer Ausgabe der Schülerzeitung zum Thema „Lesen heute" möchte ich über die Merkmale und die Entwicklung dieser außergewöhnlichen Textart informieren. Was macht diese Textart aus und woher stammt eigentlich der Begriff „Comic", der Menschen aller Altersstufen geläufig ist?

Grundsätzlich sind Comics gezeichnete Bildergeschichten, die aus vielen Einzelbildern mit Sprechblasen oder kleinen Textkästen bestehen und ganze Handlungsstränge in Kurzform darstellen. Ursprünglich kann der Name „Comic" auf das Adjektiv „komisch" zurückgeführt werden, denn die Funktion der Comics war es zunächst, die Leser oder Betrachter zum Lachen zu bringen.

Ein Comic lebt vom Ausdruck der zeichnerischen Darstellung, denn er kann Gestik, Mimik und Körpersprache – und damit auch Gefühle, Verhalten und Einstellungen der Figuren transportieren. Comics erzählen dementsprechend grundsätzlich eine Handlung in aufeinanderfolgenden Einzelbildern unter Nutzung dieses speziellen Ausdrucks. Dabei wirken die gezeichneten Bilder und kurzen Texte, z. B. wörtliche Rede in Sprechblasen oder erläuternde Sätze am Textrand, so zusammen, dass der Leser bzw. Betrachter die Situationen oder den Fortgang der Handlung schnell erfassen kann. So entstehen Wort-Bild-Gemische, die unsere Aufmerksamkeit auf sich ziehen und die Neugier beim Betrachten erhalten, das heißt sie fesseln uns, da sie bewegt erscheinen. Die verwendete Sprache besteht häufig aus reduzierten Sätzen, Lautmalereien und Ausrufewörtern. Dadurch wirkt sie einerseits visuell, denn sie wird grafisch besonders gestaltet, z. B. „ZIIISCCCHHHH" (Öffnen einer Flasche) oder „BOOOOOM" (Explosion), andererseits ist sie fast akustisch wahrnehmbar, denn das Lesen ergibt gleichermaßen Töne und Geräusche. Das regt in Verknüpfung mit den angebotenen Bildern unsere Vorstellung an – wir fühlen uns auf besondere Weise unterhalten. Ein weiteres Beispiel für die spezielle Comicsprache sind die auf den Wortstamm verkürzten Verben, auch Inflektive genannt. Comicgestalter verwenden sie zur Darstellung von Geräuschen (z. B. schluck, stöhn, knarr) oder für innere Vorgänge (z. B. grübel, zitter). So können wir Geräusche beim Lesen fast hören und Emotionen fast spüren.

Forscht man nach den Ursprüngen des modernen Comics, so stößt man auf den Zeichner Richard F. Outcault, der schon vor etwa 122 Jahren exklusiv für die US-amerikanische Zeitung „New York World" einen Cartoon mit dem Titel „Hogan's Alley" zeichnete. Diese Bildergeschichte wurde ein Jahr später als Zeitungscomic durch direkte Rede in Sprechblasen erweitert. Anfang des 20. Jahrhunderts hatten sich die grundlegenden Elemente dieser neuen Textart etabliert: Es gab feststehende Figuren, eine fortgesetzte Handlung dargestellt in Einzelbildern und Dialoge der Figuren untereinander in Form von Sprechblasen. So erschienen erstmals täglich sogenannte Comicstrips auf den Sportseiten der „Chicago American", einer amerikanischen Tageszeitung. In den 1930er-Jahren wurden dann die großen Comic-Helden kreiert, die uns allen bekannt sind, etwa „Popeye", „Mickey Mouse" und auch „Donald Duck". Kurz darauf entstand ein richtiger Comic-Hype, angefangen bei „Superman", „Batman", „Spider-Man" usw., mit all den Superhelden, die später auch in Filmen zu Legenden wurden. In den 1950er-Jahren kamen Horror- und Science Fiction-Themen dazu.

Dieser Boom breitete sich in den 1950er-Jahren auch in Europa aus. In Frankreich und Belgien hier entstanden die Geschichten über „Asterix und Obelix", „Tim und Struppi" und auch „Die Schlümpfe", die heute immer noch ihr Unwesen treiben und fester Bestandteil unserer Kultur geworden sind. In Japan wurden zu dieser Zeit die sogenannten „Mangas" entwickelt. Das sind Bildergeschichten in schwarz-weiß mit Figuren, die durch große Augen sowie kindliches und westliches Aussehen geprägt sind. Bei uns wurden Mangas wie „Sailor Moon" oder „Dragonball" erst Ende der 90er-Jahre bekannt und beliebt.

Eine andere Weiterentwicklung waren die „Graphic Novels", also gezeichnete Romane, die den Zeichenstil von Comic, Manga oder Cartoon aufgreifen und sich eher an erwachsene Leser richten. Es sind also oft Geschichten mit längeren Handlungen und ernsthaften Inhalten, die zumeist im Buchformat über den Buchhandel verkauft werden und daher auch teurer sind. Auch diese wurden in den USA entwickelt. Nun ging man auch dazu über, klassische literarische Werke, wie „In 80 Tagen um die Welt" oder „Die Schatzinsel", unter dem Begriff des „Literaturcomic" zu veröffentlichen, was letztlich die Darstellung der komplexen Inhalte in Comic-Form bedeutet.

Ausgehend von den USA hat der Comic sich in den letzten ca. 120 Jahren auf der ganzen Welt in verschiedensten Formen verbreitet. Zwar ist seine Darstellungsform in ihren grundlegenden Elementen erhalten geblieben, doch mittlerweile werden auch Inhalte und Themen angeboten, die uns bislang nur in Romanform zugänglich waren. Somit erreicht auch der Comic zunehmend literarischen Wert und damit die Menschen, die ihn aufgrund der meist sehr „seichten Themen" früher ablehnten. Diese neue Darstellungsweise ermöglicht eine Heranführung aller Altersklassen an klassische Literatur, indem auf diese Weise auch jungen Lesern solche bedeutenden Stoffe auf unterhaltsame Art zugänglich gemacht werden. Gleichermaßen wird so eine positive Sichtweise auf Literatur erreicht, denn wir Leser können historische, gesellschaftliche und politische Themen auf eine ganz andere Art – also auch visuell und akustisch – begreifen und im Rahmen unserer Möglichkeiten in reduzierter Form erfassen. Der Comic erfährt größere gesellschaftliche Anerkennung und wird als literarische Kunstform akzeptiert – und wer weiß, vielleicht lesen wir eines Tages einen Roman auch im Unterricht als „Literaturcomic"? Schließlich können wir uns doch nicht darüber beklagen, dass Jugendliche weniger lesen als früher, und dennoch keine Alternativen zu langen, komplexen Texten anbieten. Daher ist der Comic eine moderne Alternative zum „dicken Literaturschinken" und kann das Lesen – auch der Klassiker – wieder attraktiver machen, da Inhalte transparent und verständlich vermittelt werden. Aber auch Erwachsene erhalten in unserer schnelllebigen Zeit durch Comics die Gelegenheit, in guter Literatur zu schmökern, die sie vielleicht aufgrund des hohen Zeit- oder Konzentrationsaufwands nicht lesen würden. Comics sind also schon lange keine „einfachen, lustigen Cartoons" mehr, sondern vermitteln Weltsichten und Bildung auf eine interessante Weise.

Für den Text habe ich die Materialien M1–M5 verwendet.

Teil E Prüfungsaufgaben zum Themenbereich „Eine Frage der Beziehung"

E Prüfungsaufgaben zum Themenbereich „Eine Frage der Beziehung"

E 1 Leseverstehen: Wie das Minenfeld der Peinlichkeit umgangen wird (angeleitetes Üben)

Seite 96

1 a) trifft zu.

2 Überschriften für die Sinnabschnitte:
 1 (Z. 1 – 14): Jugendliche und Eltern denken ähnlich: Themen des Textes
 2 (Z. 15 – 29): Liebe und Sexualität
 3 (Z. 30 – 36): Schule und Noten
 4 (Z. 37 – 49): Schule und Mobbing
 5 (Z. 50 – 59): Trennung der Eltern
 6 (Z. 60 – 65): Vereinbarungen und Erlaubnisse
 7 (Z. 66 – 74): Vorbereitung auf schwierige Gespräche

3 a) Gestaltungsmittel: Metapher
 b) Die Menge an peinlichen Problemen der Jugendlichen wird nicht zwar nicht genau thematisiert; die Formulierung Minenfeld bedeutet aber, dass es sehr viele Probleme dieser Art gibt.

Seite 97

4 a), c), d), e), f) und i) treffen zu.

5 c) trifft zu.

6 reger Austausch zwischen Eltern und Jugendlichen; auch peinliche Themen können miteinander besprochen werden

7 Vorschlag: a)

Seite 98

8 empfohlene Strategien: a), c), e)

9 – Belastung der Jugendlichen
 – unangenehme Ansprache, weil sie den Eltern nicht noch mehr Sorgen bereiten wollen
 – Furcht vor negativen Reaktionen, z. B. Abwertung eines Elternteils
 – Eltern nicht objektiv

10 vorgeschlagene Strategien: a), b), d), e), g), i)

11 Je häufiger man unter Berücksichtigung von Regeln in der Familie miteinander spricht, desto einfacher fallen Konfliktgespräche.

Seite 99

12 Bereiche: Erziehungsberatung und Psychotherapie

13 Wirkungsweisen: b), c)

14 Textart: Sachtext

15 Absicht des Verfassers: c)

16 Beide Antworten sind prinzipiell möglich, müssen jedoch gut begründet werden. Wahrscheinlicher ist die Antwort „Nein", denn der Text gibt sehr viele konkrete Ratschläge und Strategien dazu an, wie Jugendliche konstruktiv mit ihren Eltern sprechen können, z. B. vor dem Gespräch Argumente sammeln etc.

E 2 Leseverstehen: Charlottes Traum (selbstständiges Üben)

Seite 101

1 richtige Antwort: epischer Text

2 c) trifft zu.

Seite 102

3 Überschriften der Sinnabschnitte:
 1 (Z. 1 – 10): Zimmerverteilung im Haus der Großmutter
 2 (Z. 11 – 20): Mutter lenkt vom Thema ab
 3 (Z. 21 – 28): Brüder nutzen die Situation aus und ärgern die Nachbarn
 4 (Z. 29 – 45): Vaters neue Freundin
 5 (Z. 46 – 60): Mutter will sich ablenken
 6 (Z. 61 – 64): Brüder benehmen sich schlecht

4 c) trifft zu.

5 c) trifft zu.

6 d) trifft zu.

Seite 103

7 b), d) und e) treffen zu.

8 b), c) und d) treffen zu.

9 Charlotte, Mutter, Felix, Großmutter, Oliver

10 a) Ich-Form
 b) personal

11 Durch die Ich-Erzählform und das personale Erzählverhalten kann der Leser das Geschehen unmittelbar aus der Perspektive der Ich-Erzählerin Charlotte miterleben, denn sie ist erzählendes und erlebendes Ich zugleich. Somit wirkt die Darstellung sehr direkt, zumal die Ich-Erzählerin kommentiert und ihre Gedanken offenlegt. Dieser Eindruck wird durch den parataktischen Satzbau, die verwendeten Ellipsen und die Wortwahl verstärkt, da die Sprache sehr jugendlich wirkt.

Seite 104

12 a) Erzählerkommentar
 b) Charlotte empfindet die Aussage, dass ihre Mutter in ihre Kindheit eintauchen würde, nicht als witzig, denn sie leidet unter der neuen Familiensituation und muss sich genauso wie ihre Mutter und ihre Brüder damit zurechtfinden, dass ihr Vater eine neue Freundin hat und sie daher zu der Großmutter ziehen mussten.

13 a) richtige Aussagen: Ellipsen, Parataxen
 b) passende Beurteilung: c)

Teil E Prüfungsaufgaben zum Themenbereich „Eine Frage der Beziehung"

14 Beide Meinungen sind möglich, sollten jedoch nachvollziehbar und plausibel mithilfe von Textbelegen begründet werden.

E 3 Aufgabentyp 4a: Schneeriese (Original-Prüfung, angeleitetes Üben)

Seite 107 – 110

1.– 12. Lösungshilfen zu den Aufgaben finden sich direkt im Arbeitsheft und lassen sich der nachfolgenden Musterlösung entnehmen.

Seite 110
13. Mögliche Schülerlösung:

In dem vorliegenden Romanauszug aus dem Jugendroman „Schneeriese" von Susan Kreller geht es um einen für den Jugendlichen Adrian unbefriedigend verlaufenden Besuch bei seiner Freundin Stella, die dessen Liebe nicht wahrnimmt und seine Anwesenheit sogar als störend empfindet, weil sie eine Beziehung zu ihrem Nachbarn Dato begonnen hat. Der Jugendroman wurde 2016 im Hamburger Carlsen Verlag veröffentlicht. Der vorliegende Auszug findet sich auf den Seiten 52 – 55, wurde gekürzt und geringfügig verändert.

Adrian, der von seiner Jugendfreundin Stella wegen seiner Größe nur „Einsneunzig" genannt wird, besucht Stella zu Hause, weil er sie eine Zeit lang nicht gesehen hat. Da er sich in sie verliebt hat, muss er dazu seinen ganzen Mut zusammennehmen, um mit ihr darüber zu sprechen. Als er in ihr Zimmer kommt, beschäftigt Stella sich gerade damit, zu überlegen, was sie anziehen soll. Da sie ihn gar nicht erwartet hat, nimmt sie ihn kaum wahr, sondern lächelt bei seinem Eintreten nur kurz. Er beobachtet sie in ihrem persönlichen Durcheinander; sie beendet das Telefonat, das sie in dem Moment führt, und fragt ihn knapp und eher desinteressiert nach dem Anlass seines Besuches. Obwohl Adrian bezüglich Stellas Verhalten viele Gedanken durch den Kopf gehen, verneint er Stellas Frage, ob sie etwas für ihn tun könne. Er gibt vor, nach dem Rechten schauen zu wollen, doch sie nimmt ihn immer noch nicht richtig wahr. Auf die Frage, mit wem sie telefoniert habe, reagiert sie ausweichend und erklärt, sie habe gar keine Zeit für ihn. Adrian erkennt die Scham in ihrem Gesicht. Als sie schließlich zugibt, zu Dato gehen zu wollen, äußert er kurzentschlossen, er komme mit. Er erkennt in ihrem Gesicht jedoch, dass sie dies nicht möchte, denn sie lächelt nur traurig.

Die Erwartungen, die Adrian bei seinem Besuch vermutlich an Stella hat, widersprechen ihrem tatsächlichen Verhalten ihm gegenüber. Da er sich in sie verliebt hat, hat er allen Mut zusammengenommen, um mit ihr darüber zu sprechen (siehe Vortext). Stella ist eine Freundin aus Kindertagen und vermutlich haben die beiden viel Zeit miteinander verbracht. Nun haben sie sich aber schon eine Weile nicht gesehen. Adrian erwartet augenscheinlich, dass sie sich freut, ihn wiederzusehen, sodass sie ihm ihre volle Aufmerksamkeit schenkt und ihn angemessen begrüßt. Im weiteren Verlauf wird durch seinen inneren Monolog (Z. 24 – 33) deutlich, dass er erwartet hat, dass sie ihn vorher anruft oder ihn besucht und dass sie Zeit mit ihm verbringt. Ebenso hat er eine Entschuldigung erwartet, weil sie ihn fünf Wochen vergessen hat, denn er fühlt sich von ihr vernachlässigt. Tatsächlich reagiert sie aber ganz anders, was er als „neu" (Z. 4, Z. 5) erkennt. Dies zeigt eine deutliche Veränderung im Vergleich zu ihrem früheren Verhalten. Er nimmt Stella beim Eintreten als desinteressiert und kühl wahr (Z. 6 – 12). Sie wirkt geradezu enttäuscht, als sie ihn sieht, denn sie lässt „für einen winzigen Moment ihre Mundwinkel sinken" (Z. 6/7). Er bewertet ihre Reaktion negativ und bezeichnet diese kurze Zeit abwertend als „läppische[n] anderthalb Sekunden" (Z. 11). Da er erkennt, dass er sie beim Aussuchen der passenden Kleidung und beim Telefonieren stört, hält er seine wahren Gefühle eher zurück; dies zeigen die knappen Antworten seinerseits („Mich, sagte Adrian.", Z. 18), denn eigentlich ist er enttäuscht über ihre mangelnde Freude und Offenheit. Stella zeigt ihm deutlich, dass ihm die Wahl ihrer Kleidung viel wichtiger ist als die Begegnung mit ihrem ehemaligen Jugendfreund. Also sagt er etwas anderes, als er tatsächlich denkt, und gibt Geschäftigkeit vor (Z. 34/35), um seine wahren Gefühle zu verstecken. Dennoch bleibt er beharrlich, will wissen, mit wem sie telefoniert habe und wohin sie gehen wolle (Z. 39 – 45), obwohl er innerlich sehr aufgewühlt ist, was durch das personale Erzählverhalten deutlich wird. Er beobachtet sie genau und stellt aufgrund ihrer Mimik fest, dass sie sich auf die Lippen beißt (Z. 52) und rot wird (Z. 52/53). Gleichzeitig leuchten ihre Augen (Z. 53), was er so deutet, dass dieses Leuchten aufgrund der Tatsache entsteht, dass sie mit Dato verabredet ist, was sie kurz danach bestätigt (Z. 56). Darauf macht er den mutigen Vorstoß, zu sagen, dass er mitkomme („Ich komme mit!", Z. 57), was eher als Provokation aufzufassen ist, denn er nimmt wahr, dass sie überrascht reagiert und bleich wird (Z. 58 – 60). Obwohl er weiß, dass sie ihn als störend empfindet, signalisiert er durch seinen Blick (Z. 61 – 63), dass er sich nicht geschlagen geben wird. Er ist aufgeregt, muss sich durch Atmen beruhigen (Z. 64 – 66), doch er bleibt trotz ihrer Reaktion bei seinem Vorhaben, was letztlich wie eine Trotzreaktion auf ihre Ignoranz wirkt. Zusammenfassend ist festzustellen, dass Adrians Erwartungshaltung und sein Verhalten sich deutlich voneinander unterscheiden. Erst im weiteren Verlauf der Begegnung wird durch seine Provokation deutlich, dass er ihr Verhalten nicht in Ordnung findet.

Als Adrian Stellas Zimmer betritt, springt sie nicht freudig auf, sondern bleibt auf ihrem Bett im Schneidersitz sitzen (Z. 1). Nachdem sie realisiert hat, dass es Adrian ist, lässt sie kurz „ihre Mundwinkel sinken" (Z. 6/7), was er als Enttäuschung ihrerseits deutet. Dieses Verhalten macht ihn traurig. Auch der Klang ihrer Stimme unterstützt den Eindruck, den er erhält („klang enttäuscht", Z. 13). Nach dem Beenden des Telefonats schaut sie Adrian nur kurz an und widmet sich wieder ihrer eigentlichen Tätigkeit, nämlich dem Aussuchen passender Kleidung (Z. 16/17). Dies signalisiert ihm, dass sie ihn nur am Rande wahrnimmt, was durch den folgenden knappen Dialog unterstützt wird. Im folgenden Gespräch wirkt sie kurz angebunden. Sie widmet sich ihren Tätigkeiten mit größter Sorgfalt, während sie ihn nun gar nicht mehr ansieht (Z. 19–22), d. h. sie vermeidet Augenkontakt. Besonders deutlich wird ihr Desinteresse, als sie belanglos zu einem T-Shirt zu sagen scheint: „Kann ich irgendwas für dich tun?" (Z. 23). Der folgende innere Monolog von Adrian nach dieser Behandlung durch Stella wirkt ein wenig ironisch, da deutlich wird, was er sich eigentlich von ihr wünscht (Z. 24–33). Aber das sagt er nicht laut, sondern entgegnet stattdessen: „Nein [...] Alles bestens." (Z. 34). Doch wiederum scheint es, als würde Stella sich wieder nur mit den Kleidungsstücken befassen (Z. 40–43), sogar mit ihnen sprechen. Ironisch wird festgestellt: „Das Kleidungsstück blieb stumm [...]" (Z. 44). Erst als er sie fragt, mit wem sie telefoniert habe, bemüht sie sich um einen freundlichen Blick (Z. 49), reagiert aber verwundert (Z. 46), weil er sie damit zwingt, über ihren Freund Dato zu reden. Auf genaues Nachfragen seinerseits wird sie rot (Z. 52) und ihre Augen leuchten. Nun gibt sie die Wahrheit zu (Z. 56). Während der gesamten Begegnung zeigt Stella ihm durch ihre Körpersprache und ihre Mimik, dass sie geistig abwesend ist und sich nicht für ihn interessiert, sodass Adrian sich als Störfaktor fühlt und enttäuscht ist, da er sich eine andere Reaktion erhofft hat. Erst am Ende, als er sie provoziert (Z. 57), reagiert sie überrascht und nimmt ihn wahr: „Stellas Augen wurden dumpf und sahen ihn ungläubig an." (Z. 59). Vermutlich realisiert sie in diesem Moment seine Enttäuschung, möchte aber auch nicht zugeben, dass sie lieber mit Dato allein sein will („Doch da veränderte sich Stellas Gesicht schon wieder, ihre Augen sahen jetzt traurig aus und fremd und ängstlich, alles auf einmal. Sie probierte ein Lächeln.", Z. 68–70). Hier wird Stellas innerer Zwiespalt angedeutet. Daher ist festzuhalten, dass durch Stellas Körpersprache deutlich wird, dass sie Adrian in ihrer Situation als störend empfindet.

Während der Begegnung wirkt Adrian sehr enttäuscht über Stellas Verhalten ihm gegenüber, denn dieses entspricht überhaupt nicht der Erwartungshaltung, die er vor seinem Besuch hinsichtlich ihres Wiedersehens aufgebaut hat. Adrians Gefühle werden einerseits deutlich durch die verwendete Er-/Sie-Erzählform und das personale Erzählverhalten, da so der Fokus auf Adrians Wahrnehmung gelenkt wird, denn die Beschreibung Stellas wirkt bewertend: „Und da war noch etwas anderes, das neu war. Stellas Blick war neu." (Z. 4/5). Ebenso werden durch innere Monologe (Z. 24–33) seine Gedanken offenbart, sodass ein Widerspruch zwischen diesen und seinem Handeln entsteht. Nach der Frage, ob Stella etwas für ihn tun könne, wird lediglich für den Leser im inneren Monolog deutlich, was er sich gewünscht hätte. Hier werden viele Dinge mithilfe von Anaphern aufgezählt, die Verwendung des Konjunktiv II zeigt jedoch, dass sich all seine Wünsche und Erwartungen nicht erfüllt haben bzw. sich nicht erfüllen werden („[...] du könntest mich anrufen jeden Tag [...]", Z. 26/27). Direkt zu Beginn des Auszuges wird der Fokus darauf gelenkt, dass sich in ihrer Beziehung bzw. Freundschaft etwas verändert hat. Genau diese Veränderung von Stella hinsichtlich ihres Verhaltens, ihres Aussehens und ihrer Kommunikation wird durch Adjektive (z. B. „enttäuscht", Z. 13; „nicht unfreundlich", Z. 13 / 14) und Nomen (z. B. „Mundwinkelmomenten", Z. 8 / 9; „Klamottenberg"; Z. 21 / 22), mit denen sie beschrieben wird, deutlich. Dazu werden auch Neologismen verwendet, die ein wenig spöttisch erscheinen, denn Stella ist die Kleidung wichtiger als ihr alter Freund Adrian, weil sie Dato beeindrucken möchte. Diesbezüglich werden auch Metaphern genutzt, die übertrieben wirken und ihr ungewohntes Verhalten betonen: „Sie studierte mit allergrößter Sorgfalt einen hellen blauen Pullover [...]" (Z. 19/20). Dass Adrian sehr aufgewühlt ist, wird zudem durch die Personifikation seines Herzens verdeutlicht. An zwei Stellen (Z. 36/37, Z. 64/66) wird durch Parataxen und Ellipsen quasi hörbar gemacht, wie laut sein Herz schlägt, weil er ihr einerseits Zufriedenheit und Ordnung und andererseits Ruhe und Stärke vorgaukelt, obwohl er eigentlich angespannt und aufgeregt zugleich ist. Mit dem Ein- und Ausatmen versucht er, sich zu beruhigen, obwohl er etwas anderes denkt, als er schließlich sagt (Z. 34). Letztlich wird auch durch die Parataxen und Ellipsen im Dialog gezeigt, dass er aufgrund seiner Enttäuschung nicht in der Lage ist, offen mit ihr über seine Gefühle zu reden. Damit bleibt ihm lediglich nur die Möglichkeit der Provokation durch die Ankündigung seiner Begleitung zu Dato. Durch einen Parallelismus, der durch eine Konjunktion eingeleitet wird, zeigt sich, dass er sich dabei sehr unwohl fühlt: „[...] obwohl er sich nicht ausstehen konnte in diesen Minuten, obwohl ihm seine eigene Anwesenheit genauso verhasst war, wie sie es für Stella sein musste." (Z. 62/63). Zusammenfassend zeigt sich durch seine Körpersprache, sein Verhalten und seine wortkarge Kommunikation, dass er enttäuscht und traurig aufgrund von Stellas desinteressiertem Verhalten ihm gegenüber ist.

<u>Text aus der Sicht Stellas am Ende ihrer Begegnung:</u>
Nun ist er doch gegangen ... Hätte ich ihn freundlicher aufnehmen sollen? Ich weiß nicht – die Umstände haben sich verändert. Zwischen uns ist einfach nicht mehr die gleiche Nähe wie vorher. Ja, er war mein bester Freund und wir haben viel Zeit miteinander verbracht, aber nun ist Dato mein fester Freund. Das ist was ganz anderes. Ich möchte jetzt mit ihm meine Zeit verbringen – und das ist mir wichtig. Dennoch habe ich ein furchtbar schlechtes Gewissen – ich hätte viel früher mit Adrian sprechen sollen. Er hat wirklich nicht verdient, dass ich ihn so ignoriere – aber es war auch wirklich ein schwieriger, unpassender Moment. Er hätte auch vorher anrufen können. Ja, was hätte ich dann gemacht? Ich hätte ihm sicher abgesagt und ihn abgewimmelt. Schwierig! Aber er hat auch so getan, als sei alles in Ordnung mit ihm, als würde es ihn gar nicht stören, dass ich keine Zeit für ihn habe. Schließlich hat er selber gesagt, dass er in den letzten Wochen keine Zeit hatte – keine freie Minute – das hat er selbst gesagt ... Dennoch ... ich werde mich bei ihm entschuldigen, ihm sagen, dass ich ihn als guten Freund nicht verlieren möchte. Aber – und das muss er auch verstehen – Dato ist nun mein fester Freund – und für den brauche ich eben auch meine Zeit. Das heißt ja nicht, dass „Einsneunzig" und ich uns nicht mehr verstehen ...

E 4 Aufgabentyp 4a: Acht Berge (Original-Prüfung, selbstständiges Üben)

Seite 111
Mögliche Schülerlösung:
Der vorliegende Textauszug stammt aus dem Roman „Acht Berge" (S. 71 – 74) von Paolo Cognetti. Dieser wurde im Jahr 2017 in der Deutschen Verlags-Anstalt in München veröffentlicht. In dem Romanauszug wird eine Begegnung zwischen den Jungen Pietro und Bruno geschildert. Pietro fragt Bruno, ob er das Angebot seiner Eltern annehmen wolle, aus den Bergen mit in die Stadt Mailand zu ziehen, um dort einen Schulabschluss zu machen. In dieser Zeit würden Pietros Eltern Bruno bei sich aufnehmen und ihn unterstützen. Durch die Begegnung wird einerseits der Einfluss der recht unterschiedlichen Herkunft beider Jungen auf die Beziehung zueinander deutlich, andererseits wird klar, dass beide aufgrund verschiedener Erwartungshaltungen unterschiedliche Gesprächsabsichten verfolgen, die Einfluss auf ihre Freundschaft haben. Während Pietro im Grunde keine Veränderung seiner Feriensituation wünscht, hat Bruno seinen Entschluss schon gefasst und möchte in die Stadt ziehen.

Pietro, der mit seinen Eltern in der italienischen Großstadt Mailand lebt, verbringt die Sommerferien gemeinsam mit seiner Familie in dem Bergdorf Grana. Dort freundet er sich mit Bruno an, der mit seiner Mutter bei seinem Onkel Luigi und seiner Tante in ärmeren Verhältnissen lebt und Kühe hütet. Eines Nachmittags gehen die Jungen in die Berge und gelangen an einen See. Pietro beginnt ein Gespräch, in dem Bruno schließlich von dem Angebot von Pietros Eltern berichtet, ihn nach Mailand zu holen, damit er dort zur weiterführenden Schule gehen kann, um einen Schulabschluss zu machen. Sie seien bereit, ihn bis zum Abschluss bei sich wohnen zu lassen und ihn zu unterstützen. Pietro reagiert darauf erstaunt und will wissen, wie Brunos Onkel Luigi und auch seine Mutter darauf reagiert hätten. Nachdem Bruno eher abschätzig zugegeben hat, dass der Onkel nichts dagegen hätte, wenn Pietros Eltern die Kosten übernähmen, und seine Mutter dazu mal wieder nichts gesagt hätte, will Pietro Brunos Meinung zu dem Vorschlag hören. Bruno äußert sich zunächst nicht klar, denn er habe keine Ahnung, wie es in Mailand sei. Pietro hingegen glaubt, dass Bruno in der Stadt nicht zurechtkommen würde, und kann seine Eltern nicht verstehen. Er will eigentlich, dass sich an der derzeitigen Feriensituation nichts verändert, und schlägt daher vor, dass Bruno den Erwachsenen besser sagen solle, dass er in den Bergen bleiben will. Statt aber dem Freund Recht zu geben, reagiert Bruno wider Erwarten entsetzt auf Pietros Vorschlag. Durch seinen lauten Ausruf wird deutlich, dass sein Entschluss bereits gefasst ist: Er wird die Berge verlassen und nach Mailand ziehen.

Der Roman ist in der Ich-Erzählform aus der Sicht von Pietro verfasst worden (Z. 2: „[…] blieb ich neben ihm stehen."). Aus diesem Grund kann der Leser Pietros Gedanken gut nachvollziehen, denn dieser ist wahrnehmendes, schilderndes und reflektierendes Ich zugleich; das Erzählverhalten ist also personal. Somit wird die Entwicklung in Brunos Verhalten aus der Perspektive von Pietro deutlich. Zu Beginn des Ausflugs nimmt Pietro wahr, dass Bruno „schlecht gelaunt" (Z. 1) ist. Beide legen schweigend ihre Wegstrecke zurück und lassen sich danach am See im Gras nieder (Z. 1/2). Bruno beginnt das Gespräch, was ihn Überwindung kostet (Z. 3/4: „Einige Meter vor uns ragte ein Felsblock aus dem Wasser, der aussah wie eine Insel: der ideale Fixpunkt."). Diese Metapher deutet an, dass etwas zwischen ihnen steht, das geklärt werden muss. Bruno fragt, ob Pietro von dem Vorschlag seiner Eltern, Bruno mit nach Mailand zu nehmen, gewusst habe (Z. 6). Pietro verschweigt, dass er bereits von dem Angebot seiner Eltern weiß. Von diesem Umstand erfährt der Leser durch einen zeitraffenden Rückblick im inneren Monolog (Z. 13 – 24). Diesen kommentiert Pietro: „Was er mir anschließend erzählte, erstaunte mich kein bisschen." (Z. 13 – 24). Er mutmaßt aber wörtlich, dass der Onkel das sicher niemals erlauben werde (Z. 28). Aus den Erklärungen Brunos wird seine Enttäuschung aufgrund der Äußerung des Onkels deutlich, denn dieser sei nur einfach an den entstehenden Kosten interessiert (Z. 29 – 35). Auch die Tante und die Mutter hätten nichts dagegen (Z. 29 – 33). Durch die knappen Antworten Brunos, die selbst völlig nüchtern wirken, wird klar, dass dieser desillusioniert und aufgrund der fehlenden Emotionen seiner Familienmitglieder enttäuscht ist: „Meine Mama? Was soll die schon sagen? Das Übliche, nämlich gar nichts." (Z. 41). Seine abwertende Darstellung verdeutlicht die von Pietro wahrgenommene Enttäuschung. Sie wird zudem durch sein Handeln unterstützt (Z. 39: „Schnaubend warf Bruno den Stein ins Wasser."). Der indirekte Vergleich (Z. 39/40: „Er war so winzig, dass er keinerlei Geräusche machte.") unterstreicht, dass er sich nichtig und unbedeutend fühlt, denn seine Anwesenheit scheint für die Familienmitglieder nicht wichtig zu sein. Als Pietro dann fragt, wie er selbst zu dem Angebot stehe (Z. 42 und 44), kommentiert er unentschieden, dass er noch keine Meinung dazu habe. Er wirkt resigniert: „Ehrlich gesagt, versuche ich es mir seit gestern vergeblich vorzustellen. Ich weiß ja nicht mal, wie es dort ist." (Z. 45 – 47). Das Gespräch wird durch einen inneren Monolog (Z. 48 – 59), der Pietros Meinung zu Brunos möglichem Weggang verdeutlicht, unterbrochen und beide schweigen – Bruno, weil er unentschlossen ist, und Pietro, weil er in den eigenen Gedanken verhaftet ist. Als Ergebnis seiner Reflexion schlägt Pietro vor, dass Bruno den Erwachsenen einfach sagen solle, dass er nicht nach Mailand ziehen wolle (Z. 48 – 50). Bruno reagiert darauf sehr überrascht (Z. 63) und äußert sich, als Ergebnis des eigenen Reflexionsprozesses, deutlich emotional: „Spinnst du?" (Z. 65). Und direkt darauf verkündet er inmitten der Berge lauthals, dass er seinen Entschluss gefasst habe, was im Vorfeld nicht erkennbar war: „He! Hört ihr mich? Ich bin's, Bruno! Ich gehe!" (Z. 69). Dabei klingt sein Ausruf wie eine Verabschiedung und es ist nicht ganz deutlich, ob er sich wirklich an die Berge wendet oder an seine Verwandten. Somit stellt das Gespräch den Reflexionsprozess hinsichtlich Brunos Entscheidung dar. Dabei ergibt sich ein Abschluss, der vorher nicht absehbar ist.

Obwohl aufgrund Brunos schlechter Laune schon beim Wandern in die Berge bereits klar ist, dass diesen etwas bewegt (Z. 1), wartet Pietro zunächst ab und fragt ihn nicht direkt aus. Als Bruno das Gespräch dann unvermittelt beginnt (Z. 5), verschweigt Pietro zunächst, dass er den Vorschlag seiner Eltern bereits kennt; er lügt also vermutlich, um zu verhindern, dass Bruno eine Verschwörung vermutet oder sich etwa übergangen fühlt. Später wird

Teil E Prüfungsaufgaben zum Themenbereich „Eine Frage der Beziehung"

deutlich, dass Pietro selbst auch gar nicht hinter dem Vorschlag steht (Z. 52–56). Durch parataktisch gestellte Fragen (Z. 7 und 9) will er Bruno dazu bringen, ihm davon zu erzählen. Mittels des personalen Erzählverhaltens zeigt sich dann im inneren Monolog, dass er bereits lange von dem Ansinnen seiner Eltern, Bruno mit nach Mailand zu nehmen, Kenntnis hat (Z. 13–16). Er identifiziert anhand der Wortwahl die Äußerungen seiner Mutter (Z. 20–27): „Bei uns aufnehmen. Die Freiheit, selbst zu entscheiden. Was er mit seinem Leben anfangen will."). Anhand der folgenden wörtlichen Rede erkennt der Leser, dass Pietro von anderen Voraussetzungen bezüglich der möglichen Reaktionen seitens Brunos Familienmitgliedern ausgeht: „Das wird dein Onkel niemals erlauben […]" (Z. 28), „Und was sagt deine Tante dazu?" (Z. 36), „Und deine Mama?" (Z. 38). Doch durch die Reaktionen von Bruno darauf erfährt der Leser, dass der Junge ihnen recht egal zu sein scheint. Nach der eigenen Position befragt (Z. 42–44), äußert Bruno zunächst noch keine Meinung, denn für ihn erscheint eine mögliche Zukunft in Mailand ungewiss, denn er kann sich ein Leben dort gar nicht ausmalen, da er bis dato nur in einfachsten Verhältnissen in den Bergen gelebt hat. Im folgenden inneren Monolog wird deutlich, warum Pietro all diese Fragen stellt. Ihm ist im Prinzip klar, dass das Leben in der Stadt Bruno nicht guttun würde. Dies zeigt sich durch einen Parallelismus: „Bruno würde Mailand hassen, und Mailand würde Bruno zerstören." (Z. 49/50). Er bewertet es als nicht so schlimm, wenn Bruno sein Leben lang nur Kühe hüten würde (Z. 52/53). Dabei erscheint er sehr egoistisch, da er nicht an die mögliche bessere Zukunft seines Freundes denkt. Eigennützig fordert er, dass sich für ihn selbst möglichst nichts ändern sollte, wenn er in den Ferien in die Berge kommt: „Dort oben sollte gefälligst alles so bleiben, wie es war […]" (Z. 56/57). Aus diesen Gründen schlägt er abschließend vor, dass Bruno seinem Onkel sagen solle, dass er nicht mit nach Mailand gehen würde (Z. 60–62). Dabei wirkt seine Äußerung sehr suggestiv, weil er Bruno beeinflussen will – andererseits ist er auch davon überzeugt, dass das für Bruno – und natürlich auch ihn selbst – wirklich die bessere Entscheidung wäre. Umso überraschter ist er über die entsetzte Reaktion Brunos: „Diesen Rat hatte er nicht von mir erwartet. Er durfte das vielleicht denken – aber ich doch nicht!" (Z. 63–65). Und so ist das Ende des Textauszuges für Pietro ebenso überraschend wie für den Leser: Bruno beschließt, das Angebot anzunehmen und nach Mailand zu gehen.

Pietro ist davon überzeugt, dass Bruno das Angebot nicht annehmen soll. Dieser Eindruck wird durch die sprachliche Gestaltung im Textauszug erreicht. Zunächst lügt er ihn bezüglich seiner Kenntnisse hinsichtlich des Vorschlags an (Z. 7). Danach versucht Pietro durch parataktische, z. T. elliptische Fragen (z. B. „Was denn?", Z. 9) Bruno dazu zu bringen, zunächst von dem Angebot zu berichten und noch einmal explizit auszusprechen, dass Brunos Familienmitglieder das Angebot ablehnen. Doch dies scheitert, denn Bruno empfindet die Reaktionen seines Onkels und seiner Tante und selbst seiner Mutter als Gleichgültigkeit ihm gegenüber. Auch die elliptische Frage (Z. 42) bezüglich der eigenen Einstellung beantwortet Bruno nicht eindeutig (Z. 45–47). Also stellt Pietro Vermutungen zu dessen Ansicht an, die jedoch im Konjunktiv formuliert sind (Z. 49/50), weil sie aus Pietros Sicht spekuliert sind und auf seiner Reflexion beruhen. Hier wird deutlich, dass er lediglich seinen eigenen Standpunkt berücksichtigt, verbunden mit dem Wunsch, dass sich an seiner Situation bezüglich seiner Ferien nichts ändern solle, denn er genießt die Zeit in den Bergen mit Bruno. Dieser Eindruck wird durch eine Aufzählung mit Possessivpronomen verstärkt: „[…] mein Sommer, mein Freund, meine Berge!" (Z. 55/56). Die im inneren Monolog geäußerte rhetorische Frage wirkt dabei wie eine Rechtfertigung: „Was war schon dabei, wenn er für den Rest seines Lebens Kühe hütete?" (Z. 52/53). Dass die Erzählung rückblickend verfasst wurde, verdeutlicht der direkt darauf genannte Kommentar: „Ich erkannte nicht, wie extrem egoistisch ich war […]" (Z. 53). Im Grunde erkennt der Erzähler rückblickend, wie eigennützig er zu diesem Zeitpunkt gedacht hat, was durch das Adverb „gefälligst" unterstrichen wird: „Dort oben sollte gefälligst alles so bleiben, wie es war […]" (Z. 56/57), was durch die Beschreibung der Landschaften durch Wiederholungen („Ruinen und Misthaufen", Z. 57) klar wird. So erscheint auch die Entscheidung Brunos eigentlich nachvollziehbar, denn er möchte dieses Leben hinter sich lassen und in eine bessere Zukunft aufbrechen.

Eine Schülerin kommentiert die dargestellte Situation durch die Aussage, dass Bruno und Pietro keine wahren Freunde seien. Damit spielt sie wohl auf die egoistischen Gedanken Pietros an, der nicht möchte, dass Bruno nach Mailand zieht, weil sich dadurch seine gewohnte Feriensituation verändern würde (Z. 48–59). Ebenso könnte dieser Kommentar dadurch begründet sein, dass sich Pietro auch nicht in die persönliche Situation Brunos hineinversetzen kann, denn dieser lebt in ärmlichen Verhältnissen, muss Kühe hüten (Z. 52–53) und lebt mit Familienmitgliedern, die sich zum einen nur für finanzielle Dinge interessieren (Onkel, Z. 31, Z. 35) und sich zum anderen nicht liebevoll um ihn sorgen (Tante, Z. 37, Mutter, Z. 41). Das wird Bruno sicherlich verletzen, aber es wird von Pietro nicht zur Kenntnis genommen, da er Eltern hat, die ihm ein schönes Familienleben bieten und sich ebenso um andere sorgen (Z. 16–24), weil sie Verantwortung für Bruno übernehmen und ihm ein besseres Leben bieten wollen. Bezüglich dieser Argumente kann ich die Aussage der Schülerin teilen, da das gegenseitige Verständnis zu fehlen scheint. Ebensowenig reden die Jungen ausführlich miteinander und teilen sich nicht die wahren Beweggründe mit, sondern wirken in ihrer Betrachtung eher nüchtern und kurz angebunden. Andererseits scheinen die Jungen auch noch nicht so alt zu sein und es ist verständlich, dass beide zunächst an die eigene Situation denken. Gedanken an die Zukunft und die persönliche Entwicklung stehen in diesem Alter nicht unbedingt im Vordergrund, sondern eher die eigenen Bedürfnisse und Emotionen. Zudem erfährt der Leser die Gedankengänge immer nur sehr einseitig aus Pietros Sicht (z. B. Z. 48/49). Bruno wirkt dagegen einfach und unreflektiert aufgrund seiner mangelnden Erfahrungen und Kenntnisse. Vielleicht hat er nicht gelernt, seine Emotionen offen zu äußern – gerade nicht vor seinem Familienhintergrund. Dennoch finde ich, dass man zumindest von einer guten Freundschaft reden kann, denn beide scheinen sich regelmäßig in den Ferien zu sehen, Pietro ist sehr gerne dort und seine Eltern wollen sich um Bruno kümmern und ihm eine bessere Zukunft bieten, ihn sogar in ihre Familie aufnehmen.

Das würden sie sicher nicht überlegen, wenn die beiden Jungen sich nicht gut verstehen würden. Außerdem wird im inneren Monolog deutlich, dass Pietro im Rückblick seine eigenen Wünsche hinterfragt: „Ich erkannte nicht, wie extrem egoistisch ich war […]" (Z. 53). Das lässt vermuten, dass er sein Vorgehen in der Situation später bereut. Dementsprechend denke ich, dass man beide doch als wahre Freunde bezeichnen kann, denn sie teilen ihre Probleme und sind füreinander da.

E 5 Aufgabentyp 4a: Namika: Lieblingsmensch (selbstständiges Üben)

Seite 114

1 Mögliche Schülerlösung:
Bei dem lyrischen Text „Lieblingsmensch" handelt es sich um einen Songtext von Namika aus dem Jahre 2015. Thematisiert wird die Beziehung zu einem so genannten „Lieblingsmenschen", der nicht weiter definiert wird. Das lyrische Ich stellt im Text dar, wie wunderbar und leicht das Leben an der Seite dieses Menschen ist.
Das Lied besteht aus insgesamt acht Strophen; drei davon sind der Refrain, der jeweils wiederholt wird. In allen Strophen wird die gute Beziehung zum „Lieblingsmenschen" dargestellt, mit dem zusammen das lyrische Ich genauso sein kann, wie es ist, ob verträumt, verrückt, humorvoll oder traurig. Der Lieblingsmensch fängt es auf, bietet Schutz und Geborgenheit sowie amüsante Stunden.
An seinem „Lieblingsmenschen", der hier nicht genau definiert wird und im Prinzip übertragbar auf jede Person ist, wie zum Beispiel Freund oder Freundin, Schwester oder Bruder, Mutter oder Vater, schätzt das lyrische Ich, dass dieser beruhigen und Trost spenden kann (V. 1–2), dass es zusammen mit ihm Spaß haben kann (V. 3–4), dass die gemeinsame Zeit schneller vorübergeht, selbst wenn es gilt, unangenehme Tätigkeiten zu erledigen (V. 5–6), und dass selbst banale Dinge zu ganz besonderen werden können (V. 7–8). Diese positiven Eigenschaften und Vorzüge der Beziehung werden bereits in der ersten Strophe anhand von Vergleichen („[…] wie ein Segelschiff im All.", V. 2) und Metaphern („Aber bist du mit mir an Bord […]", V. 3) veranschaulicht. Gleichermaßen schätzt das lyrische Ich, dass lediglich Blicke zur Verständigung ausreichen (V. 9–10), was darauf schließen lässt, dass sich die beiden sehr gut kennen. Zudem gibt es an, dass beide jederzeit dem Alltag entfliehen können; dies wird wiederum durch eine Metapher verdeutlicht (V. 11–12). Im folgenden Refrain, der insgesamt dreimal wiederholt wird (Strophe 3, 6 und 8) macht das lyrische Ich dem „Lieblingsmenschen" ein Kompliment dafür, dass dieser es so gut kennt, dass es sich nicht verstellen muss. Es bedankt sich abschließend dafür, so einen Menschen an seiner Seite zu haben (z. B. V. 17). In der vierten Strophe weist das lyrische Ich darauf hin, dass dieser Mensch an seiner Seite absolut vertrauenswürdig ist (V. 19–21), und vergleicht diesen mit der „Area 51" (V. 22), einem militärischen Sperrgebiet in Nevada, das der strengsten Geheimhaltung unterliegt. Damit unterstreicht es den Wert der Beziehung für sich selbst. Verstärkt wird dieser noch durch die Darstellung, dass ein Streit nie länger als „5 Minuten" (V. 25) dauern würde. Die Beziehung ist also auch von Harmonie geprägt. Zudem scheint der „Lieblingsmensch" sehr sensibel und empfänglich für die Launen des lyrischen Ichs zu sein. Das wird in der fünften Strophe deutlich, denn dieser durchschaut es (V. 27) und macht ihm auch Mut (V. 28). Wiederum durch eine Metapher („Manchmal wiegt der Alltag schwer wie Blei […]", V. 29) wird gezeigt, dass dieser besondere Mensch auch in schweren Stunden dazu beiträgt, das Leben zu ertragen (V. 30). In der siebten Strophe gibt das lyrische Ich zu bedenken, dass sich Zeiten und sie sich selbst ändern würden (V. 37). Dazu benennt es ein altes Foto (V. 38: „Polaroidbild"). Es beklagt, dass beide sich zu lange nicht gesehen haben (V. 39), doch wenn sich beide dann sehen, ist die Beziehung wie zuvor: „[…] doch jetzt lachen wir, als wenn du nie weggewesen wärst." (V. 40). Das Lied ist rhythmisch und weist einen zumeist ganz regelmäßigen Trochäus auf. Stellenweise sind Endreime zu erkennen (z. B. V. 6 und V. 8). Aufgrund dieser Struktur und des sich wiederholenden Refrains prägt sich der Text leicht ein.
Die Aussage aus dem Refrain: „Bei dir kann ich ich sein, verträumt und verrückt sein" (V. 15–16) wird im Songtext insgesamt dreimal im Refrain wiederholt. Sie fasst im Grunde die Kernaussage des Liedes in einigen Worten zusammen: Das lyrische Ich schätzt seinen „Lieblingsmenschen" sehr wert und hat ihn gerne um sich, weil es mit ihm zusammen genauso sein kann, wie es ist. Es muss sich nicht verstellen, wird ernst genommen, kann lachen und weinen. Auch wenn sich beide lange nicht gesehen haben, ist es, als ob dieser Mensch nie weggewesen wäre (V. 40). Somit fühlt sich auch das lyrische Ich als Person akzeptiert und wertgeschätzt. Die Beziehung zwischen beiden Personen scheint für beide etwas sehr Wichtiges und Besonderes zu sein. Aus diesem Grunde bedankt sich das lyrische Ich bei seinem „Lieblingsmenschen" für dessen Existenz und seine Persönlichkeit (z. B. V. 17).
Die Schülerin sagt zum Songtext, dass es für jeden wichtig sei, so einen Lieblingsmenschen an seiner Seite zu haben; diese Rolle könne prinzipiell jeder ausfüllen. Damit meint sie, dass jeder Mensch einen anderen an seiner Seite braucht, bei dem er so sein kann, wie er wirklich ist („Bei dir kann ich ich sein […]", V. 15). In diesem Punkt stimme ich der Schülerin zu, denn in unserer heutigen Gesellschaft müssen wir Menschen zu oft bestimmte Rollen einnehmen und Erwartungen erfüllen, ohne dass wir immer sein können, wie wir wirklich sind oder wie uns gerade zumute ist. Deshalb ist es ganz wichtig, dass wir mindestens einem Menschen absolut vertrauen können (V. 19–20). Dennoch glaube ich, dass diese Rolle prinzipiell nicht jeder ausfüllen kann, denn zu so einer Beschreibung, wie sie das lyrische Ich hier darlegt, gehört auch eine Art Seelenverwandtschaft, also eine Verbindung zwischen Menschen, die sich mögen und die die gleichen oder zumindest ähnliche Interessen und Vorlieben haben. Damit sind Menschen gemeint, die irgendwie gleich „ticken". Das kann natürlich erst einmal jeder sein, wahrscheinlicher ist meiner Ansicht nach jedoch eine Freundschaft und im Idealfall auch die Beziehung. Dennoch bleibt festzuhalten, dass diese Beziehung zwischen dem lyrischen Ich und seinem Lieblingsmenschen wirklich etwas ganz Besonderes ist.

Teil F Prüfungsaufgaben zum Themenbereich „Medien und mehr"

F Prüfungsaufgaben zum Themenbereich „Medien und mehr"

F 1 Leseverstehen: I6d#&r6achtsi6dall (Original-Prüfung, angeleitetes Üben)

Seite 118

❶ c) trifft zu.

❷ b) trifft zu.

❸ c) trifft zu.

Seite 119

❹ b) trifft zu.

❺ c) trifft zu.

❻ b) trifft zu.

❼ c) trifft zu.

❽ d) trifft zu.

Seite 120

❾ Mit „Verschleierungsmethode" ist gemeint, dass ein bestimmter Ausgangssatz, z. B. ein Sprichwort, mithilfe von Ziffern und Sonderzeichen so verändert wird, dass es für den Benutzer gut zu merken, für andere Menschen aber undurchschaubar ist.

❿ a) trifft zu.

⓫ d) trifft zu.

Seite 121

⓬ Das Passwort wird nur ein einziges Mal auf Papier notiert und dann per Post versendet.

⓭ c) trifft zu.

⓮ Ich stimme der Aussage der Schülerin, die sagt, dass man Passwörter stets selbst erstellen sollte, nicht zu. Wie in dem Artikel „I6d#&r6achtsi6dall" von Varinia Bernau beschrieben wird, sind die meisten Menschen nicht sehr kreativ, wenn es darum geht, sich Passwörter auszudenken. Meistens verwenden sie Passwörter, die sehr leicht zu knacken sind oder nehmen ein einziges Passwort für alle möglichen Dienste, sodass Hacker leichtes Spiel haben.
Deshalb halte ich es für besser, sich von einem Profi ein Passwort erstellen zu lassen. So kann man sichergehen, dass das Passwort den gängigen Sicherheitsanforderungen entspricht. Dabei glaube ich nicht, dass die Profis ihr Wissen um die Passwörter ihrer Kunden missbrauchen würden, schließlich würde das ganz schnell auffallen, sodass sie sich letztlich nur selbst schaden würden.

F 2 Leseverstehen: Die Tageszeitung ist nicht out, aber … (selbstständiges Üben)

Seite 123

❶ Die Tageszeitung ist nicht out, **aber ihre Zukunft ist ungewiss**.

❷ b) trifft zu.

Seite 124

❸ a), b) und d) treffen zu.

❹ c) trifft zu.

❺ a) trifft zu.

❻ a) trifft zu.

Seite 125

❼ b) trifft zu.

❽ Das Balkendiagramm, welches vom Bundesverband Digitalpublisher und Zeitungsverleger herausgegeben wurde, beschreibt die Entwicklung der E-Paper-Auflagen in Deutschland. Betrachtet wird der Zeitraum von 2009 bis 2019. Es fällt auf, dass die Auflage der E-Paper kontinuierlich gestiegen ist. Betrug die Auflage der verkauften E-Paper im Jahre 2009 nur knapp 80.000 Stück, so liegt sie heute bei gut 1.700.000 Stück pro Jahr. Insbesondere im Zeitraum von 2009 bis 2015 ist ein starker Anstieg der Auflagenzahlen zu verzeichnen, und zwar gut um das 10fache. Aber auch nach 2015 steigen die Auflagenhöhen der E-Paper konstant an.

❾ b) und c) treffen zu.

Seite 126

❿ Der Text beschreibt, dass die Auflagenhöhen der klassischen, gedruckten Tageszeitung sinken. Als Grund dafür wird unter anderem die Übermacht des Internets angeben und damit verbunden auch die Möglichkeit, die Zeitung als E-Paper auf dem Handy oder Tablet zu lesen. Die Grafik unterstützt die Aussage des Textes, da sie zeigt, dass die Auflagenhöhen der verkauften E-Paper immer weiter ansteigen. Die Menschen lesen also weiterhin die Tageszeitung, aber zunehmend in digitaler Form.

⓫ a) sinkende Abonnementzahlen und Werbeeinnahmen
b) Internet bietet viele Angebote im Nachrichtenbereich, die schnell und kostengünstig verfügbar sind
c) andere Medien (Fernsehen, Radio)

⓬ Regionalzeitungen beziehen sich auf das unmittelbare regionale Umfeld. Hier gibt es weniger konkurrierende Angebote anderer Medien, wie Internet, aber auch Fernsehen und Radio.

⓭ Der Aussage eines Schülers, der sagt, dass es sich nicht lohnt, die Regionalzeitung zu lesen, weil sie viel Über-

Teil F Prüfungsaufgaben zum Themenbereich „Medien und mehr"

flüssiges enthält, stimme ich nicht zu. Natürlich kann ich im Internet gezielter nach Informationen zu bestimmten Nachrichtenthemen suchen, die mich interessieren. Ich interessiere mich aber auch für Lokalpolitik und die Sportvereine bei uns im Ort. Hierzu finde ich im Internet in der Regel nur wenig Informationen, die Regionalzeitung berichtet aber ausführlich über diese Themen. Jeden Montag finde ich dort Informationen darüber, wie unser Fußballverein bei den Spielen am Wochenende abgeschnitten hat. Auch wenn es an unserer Schule besondere Veranstaltungen und Aktionen gibt, wird in unserer Regionalzeitung darüber berichtet. Deshalb lohnt sich für mich ein Abonnement auf jeden Fall.

F 3 Aufgabentyp 4b: Self-Tracking (Original-Prüfung, angeleitetes Üben)

Seite 129 – 132
1.– 6. Lösungshilfen zu den Aufgaben finden sich direkt im Arbeitsheft und lassen sich der nachfolgenden Musterlösung entnehmen.

Seite 132
7. Mögliche Schülerlösung:
Bei den vorliegenden Materialien handelt es sich zunächst um den Sachtext „Führt Selbstvermessung zu Selbsterkennung?" von Christoph Koch (M1a), der 2017 veröffentlicht wurde, und die Infografik „Bereitschaft zur Erhebung und Weitergabe von personenbezogenen Daten" aus dem Jahre 2016 von Quantified Wealth Monitor (M1b), die aus einem Kreisdiagramm und einem Balkendiagramm besteht. Als Quelle für M1a wird das Internet angegeben. Zudem liegt mit M2 der Sachtext „Immer schneller, besser, effizienter: der Trend zur Selbstoptimierung" eines unbekannten Verfassers vor. Dieser wurde ebenfalls im Internet veröffentlicht. M3 ist ein Blogbeitrag von Dr. Steffi Burkhart, der den Titel „Unsere Selbstoptimierung macht uns kaputt!" trägt. Das gemeinsame Thema aller vorliegenden Materialien ist die Auseinandersetzung mit der persönlichen Selbstoptimierung durch die Vermessung des eigenen Körpers mit digitalen Hilfsmitteln, auch Self-Tracking genannt. Vor- und Nachteile sowie Auswirkungen werden auf unterschiedliche Weise dargestellt und bewertet.
Im Sachtext von Christoph Koch „Führt Selbstvermessung zu Selbsterkennung?" (M1a) stellt dieser die Grundidee der „Quantified Self"-Bewegung dar: Damit ist die Nutzung digitaler Medien als Mittel zur Vermessung des eigenen Körpers im Alltag gemeint. Ziel dabei ist, zu genauen Erkenntnissen über das eigene Leben und auch über den eigenen Gesundheitszustand zu gelangen. Dies sei durch ganz unterschiedliche Anwendungen möglich, wie zum Beispiel durch Schrittzähler, das Festhalten der Nahrungsmittel oder das Erfassen der Schlafzeiten oder anderer Gesundheitswerte (Puls, Blutzucker, Sauerstoffgehalt). Die Motive der Menschen dafür seien sehr unterschiedlich. Manche Menschen handelten aus Neugier, andere, weil sie objektive Zahl zur Bestätigung benötigten, wiederum andere erhofften sich, durch die Messungen eine Verhaltensänderung herbeizuführen. Studien hätten Letzteres auch schon belegt. In der Infografik „Bereitschaft zur Erhebung und Weitergabe von personenbezogenen Daten" (M1b) aus dem Jahr 2016 wird die Verteilung der Nutzungsmöglichkeiten durch Prozentangaben visualisiert. Hier wird deutlich, dass 21 % der Deutschen bereits ihre eigenen Daten tracken. Dabei wurde der Bereich Fitness mit 18 % am häufigsten genannt. Diesem folgen die Bereiche Ernährung (4,8 %), Finanzen (3,4 %), Persönliches (2,1 %) und Energie (1,5 %).

In dem Sachtext „Immer schneller, besser, effizienter: der Trend zur Selbstoptimierung" (M2) werden die Angaben zur Nutzung bestätigt, jedoch die Ziele der Menschen konkretisiert. Es erscheine für die Nutzer erstrebenswert, durch Self-Tracking und die daraus resultierende Möglichkeit der Selbstoptimierung möglichst viel aus sich und dem eigenen Leben zu machen. Viele Menschen würde das Erfassen der Erfolge motivieren und zusätzlich aktivieren. Eigene Gewohnheiten in persönlicher, gesundheitlicher und sportlicher Hinsicht könnten erfasst und hinterfragt werden, was zur Folge hat, dass man etwas über sich lernt und letztlich gesünder lebt. Gleichermaßen könnte über das Tracking eine hohe Datenmenge erfasst werden, die wiederum der Medizin und Wissenschaft zugutekommt. In der Wechselwirkung ergeben sich dann verlässliche Daten, die helfen, die Effizienz und Produktivität zu steigern. Zusammenfassend entsteht ein also ein positives Plädoyer, in dem hervorgehoben wird, dass Self-Tracking eine Möglichkeit zur Steuerung und Kontrolle des Alltags bietet und somit hilfreich bei dessen Bewältigung ist.

Im Blogeintrag „Unsere Selbstoptimierung macht uns kaputt!" (M3) von Steffi Burkhart stellt diese zum Teil eher ironisch Entwicklungen und negative Auswirkungen des Self-Trackings dar. Zu Beginn übt sie auf spöttische Weise Kritik an der öffentlichen Selbstdarstellung der Tracking-Ergebnisse in den sozialen Netzwerken. Die Folge dieser Zur-Schau-Stellung sei, dass sich Menschen einsam und gestresst fühlten, da sie immer weitere Verbesserungen auch im Vergleich mit anderen erzielen wollten. Als Ausblick weist sie auf ein Zukunftsszenario hin, in dem Menschen ihr Verhalten sogar über Zahnbürsten, Spiegel oder Kühlschränke tracken würden. Sie bezeichnet dieses Verhalten als „Optimierungswahn" und warnt davor, dass das persönliche Glück durch übermäßige Disziplin in den Hintergrund gestellt würde. Die Auswirkungen seien Depressionen oder andere psychosomatische Störungen. Somit zeige sich eine eher schädliche Entwicklung, durch die Menschen unter Druck gesetzt würden. Es entstehe demzufolge eine Sehnsucht nach Nichtstun und Unbeschwertheit anstelle der Sucht nach Optimierung. Die Menschen sehnen sich sozusagen danach, ohne schlechtes Gewissen Dinge tun zu können, die durch die Tracker eher negativ bewertet werden (faul sein, Filme schauen, übermäßig Kalorien zu sich nehmen etc.).

Vergleicht man die beiden in M2 und M3 dargestellten Positionen miteinander, ergibt sich ein sehr konträres Bild hinsichtlich des Nutzens und der Auswirkungen der Selbstvermessung mit digitalen Hilfsmitteln. Einerseits wird Self-Tracking als Weg zur Verbesserung der körperlichen und seelischen Gesundheit gesehen (M2), andererseits entsteht durch das dauerhafte Erfassen der eigenen Werte und den indirekten Zwang, dies nachhaltig zu tun und die Werte zu vergleichen, eine Gefahr der Beeinträchtigung der eigenen Gesundheit (M3). Auf der einen Seite ergibt sich durch die Verbesserung der Werte eine gesteigerte Produktivität des Einzelnen, indem er sich das Ziel setzt, Gesundheit und Leistungen zu optimieren (M2), aber auf der anderen Seite kann sich daraus auch die Gefahr ergeben, sich selbst zu überfordern und letztlich eher das Gegenteil, nämlich eine Verminderungen der eigenen Arbeitsfähigkeit, zu erreichen (M3). Natürlich erhält der einzelne Mensch grundsätzlich mehr Kontrolle über das eigene Leben, da Daten nahtlos erfasst werden und schlechte Gewohnheiten somit transparent werden (M2), doch in M3 weist Burkhart in ihrem Blogbeitrag auch darauf hin, dass es gleichermaßen zu einem Verlust an Lebenszufriedenheit kommen kann (M3), wenn Menschen sich nur noch auf das Erfassen und die Verbesserung ihrer Daten fokussieren, da persönliches Glück und die eigenen Bedürfnisse hintenan gestellt werden. Insgesamt werden in beiden Textgrundlagen ganz unterschiedliche Lebensmodelle dargestellt. In M2 ergibt sich ein deutlicher Nutzen des Self-Trackings für Menschen, die eher erfolgsorientiert sind und ein hohes Maß an Produktivität erreichen wollen. In M3 wird im Vergleich dazu eher gezeigt, dass das Bedürfnis vieler Menschen nach Ungezwungenheit und Nichtstun durchaus besteht, aber durch das Tracking zum Teil unterdrückt wird.

Insgesamt wird durch den Vergleich beider Positionen deutlich, dass die Chancen des Self-Trackings nicht für jeden Menschen gleich sind, weil die Auswirkungen auf das persönliche Leben und die daraus resultierenden Folgen sehr unterschiedlich sein können bzw. unterschiedlich wahrgenommen werden. Dies muss aber jeder für sich selbst herausfinden.

Ein Mitschüler hat zum Thema Self-Tracking geäußert, dass jeder danach streben sollte, das Beste aus sich herauszuholen. Dazu sollte man auch digitale Hilfsmittel nutzen. Damit will er darauf hinweisen, dass jeder die technischen Möglichkeiten zur Selbstoptimierung nutzen sollte, um das eigene Leben in den möglichen Bereichen, wie zum Beispiel Fitness und Gesundheit, Ernährung, Finanzen etc. (vgl. M1b), zu verbessern. Meines Erachtens wirkt diese Aussage so recht unreflektiert und einseitig, denn ich glaube, jeder muss persönlich abwägen, welche Vor- und Nachteile mit dem Self-Tracking verbunden sind und welche Ziele er erreichen möchte. Wenn man zum Beispiel das Ziel hat, sich gesünder zu ernähren, oder wenn man die eigene sportliche Leistungsfähigkeit verbessern möchte, kann es sinnvoll sein, Daten zu erheben, durch das Zählen von Kalorien oder Schritten oder durch das zeitliche Erfassen von sportlicher Bewegung (M2, Z. 2–3). Wenn sich daraus Erfolge ergeben, schöpft man Motivation (M2, Z. 6–8). Gleichermaßen muss einem aber auch bewusst sein, dass man dadurch viele Daten über sich selbst preisgibt. Gerade das ist heutzutage ein Problem, denn der Mensch wird „gläsern". Das bedeutet, dass Daten miteinander vernetzt und weitergegeben werden. Die Privatsphäre kann dadurch beeinträchtigt werden, man erhält zum Beispiel Werbung, die man nie bekommen wollte etc. Andererseits könnten sich daraus auch positive Auswirkungen ergeben, zum Beispiel, dass man weniger krank wird, dass man seinen Biorhythmus besser kontrollieren kann und dass man grundsätzlich leichter und effektiver arbeiten kann (M2, Z. 16–19). Als besonders bedenkenswert erachte ich aber, dass die Gefahr besteht, dass man sich durch das Self-Tracking auch deutlich selbst einschränken kann, weil pötzlich der Zwang besteht, ständig Daten zu erfassen, um eine lückenlose „Überwachung" zu gewährleisten (M3, Z. 6–12). Dieser Zwang entsteht ja beispielsweise schon dadurch, dass man durch das Handy permanent erreichbar ist. Gleichermaßen werden wir anhand der erhobenen Daten automatisch mit anderen verglichen und geraten auch selbst in die Versuchung, uns mit anderen zu vergleichen (M3, Z. 1–5), was wiederum erhöhten Druck aufbauen kann. Daher denke ich, dass man sich ganz bewusst – wenn überhaupt – nur eine der Tracking-Methoden auswählen sollte, um gezielt Aspekte zu verbessern (wie z. B. in M1b dargestellt). Ich würde nie verschiedene Bereiche meines Lebens offenlegen oder mich unter den Zwang von außen stellen, permanent und alles überwachen zu müssen oder gar überwachen zu lassen. Daher kann ich die Aussage des Schülers – gerade auch bezogen auf unsere hoch technisierte Welt und die damit verbundenen Überwachungsmöglichkeiten – so nicht teilen.

F 4 Erklärvideos (Original-Prüfung, selbstständiges Üben)

Seite 133

Mögliche Schülerlösung:
Die mir vorliegenden Materialien 1a/b bis 3 stammen allesamt aus dem Internet. Bei Material 1a handelt es sich um den Sachtext „Was sind Erklärvideos?" von Jana Brehmer und Sebastian Becker, in dem definiert wird, was Erklärvideos sind. Zudem wird erklärt, an welche Adressaten sie sich richten und wie sie von den Produzenten gestaltet werden. Er wurde über die Internetseite der Universität Göttingen (Zugriff: 20.02.2019) veröffentlicht. In Material 1b, das den Titel „Empirische Studie über den Gebrauch von Erklärvideos in Deutschland" trägt, werden die Ergebnisse einer Online-Befragung aus dem Jahr 2016 dargestellt. Die Wissenschaftler Andreas Krämer und Sandra Böhrs haben mittels dieser Befragung untersucht, welche Erfahrungen Menschen verschiedener Altersgruppen mit Erklärvideos gesammelt haben. Die Ergebnisse der Studie wurden am 30.11.2017 auf der Internetseite „pinkuniversity" veröffentlicht (Zugriff: 20.02.2019). Das folgende Material 2 ist ein argumentativer Sachtext mit dem Titel „Ist das Lernen mit Videos effektiv?". Dieser wurde 2014 ins Internet gestellt (Zugriff: 20.02.2019) und führt die Möglichkeiten und positiven Auswirkungen von Erklärvideos aus. Der letzte Text (Material 3) von Nina Bräutigam mit dem Titel „Können YouTube-Lernvideos den Schulunterricht ersetzen?" ist ein argumentativer Blog-Text aus dem Jahr 2018 (Zugriff: 25.09.2018), in dem

die Autorin Gefahren aufzeigt, die aus dem Lernen durch Videos resultieren. Dabei geht sie gleichzeitig auch auf Möglichkeiten der Optimierung ein. Zusammenfassend ist festzustellen, dass sich alle Autoren der vorliegenden Materialien mit unterschiedlichen Sichtweisen bezüglich der Nutzung von Erklär- und Lernvideos befassen.

Brehmer und Becker definieren in ihrem erläuternden Text „Was sind Erklärvideos?" (M1a, 2017) diese Art von Videos. Es seien zumeist selbst produzierte kurze Filme, in denen Funktionsweisen, Abläufe, Vorgänge oder Zusammenhänge auf verständliche Weise erklärt würden, wie z. B. in Videotutorials auf YouTube. Dabei gäbe es vielfältige Gestaltungsweisen, von einfach bis professionell. Gemeinsam hätten sie aber, dass sie adressatenorientiert produziert würden, d. h. sie nutzen einen umgangssprachlichen Kommunikationsstil und sprechen die Zuhörer direkt und zum Teil humorvoll an. Die Produzenten seien Laien, aber genauso gut Experten, die durch unterschiedliches Vorwissen eine gestalterische und kommunikative Vielfalt, also eine große Bandbreite, erreichten.

Die in M1b dargestellten Ergebnisse einer „Empirische[n] Studie über den Gebrauch von Erklärvideos in Deutschland", durchgeführt im Jahr 2016, geben Hinweise zum Gebrauch und zur Wirkung dieser Videos. Bezüglich der Vorerfahrungen der Teilnehmer mit E-Learning (damit ist Lernen gemeint, bei dem elektronische oder digitale Medien zum Einsatz kommen) wird deutlich, dass ein Großteil der 1000 Befragten bereits mindestens einmal ein Erklärvideo angeschaut hat. Besonders häufig genutzt werden diese Videos von den 16- bis 29-Jährigen (81,2 %), aber auch in der Gruppe der über 60-Jährigen gaben immer noch 62,4 % an, schon einmal Erklärvideos gesehen zu haben. Hier lässt sich also tendenziell feststellen, dass die Nutzungshäufigkeit zunimmt, je jünger die User sind. Als weiteres Ergebnis lässt sich festhalten, dass durch die Studie der Sinn dieser Videos nachgewiesen werden konnte, denn die Teilnehmer mit Vorerfahrung bestätigten deutlich (85 %), dass sie auch in Zukunft auf diese Art der Erklärungen zugreifen würden. So scheinen die Funktionen für sie gewinnbringend zu sein. Dagegen gaben 60 % von der kleineren Gruppe der Menschen, die noch keine Vorerfahrungen gemacht haben (18,8 % (16 – 29 Jahre), 27 % (30 – 59 Jahre), 37,6 % (60 Jahre)), an, dass sie Erklärvideos auch in Zukunft nicht nutzen wollen.

Die Frage, der der unbekannte Verfasser des argumentativen Sachtextes in M2 nachgeht, lautet: „Ist das Lernen mit Videos effektiv?" Der Grund des Interesses an dieser Frage ist, dass immer mehr Lehrerinnen und Lehrer ihren Schülerinnen und Schülern raten würden, mit Onlinevideos im Internet zu lernen. Es wird dargestellt, dass das „Lernen am Modell" für das Lernen positive Auswirkungen habe, denn der Betrachter könne durch die Videos Theorie und Praxis miteinander verbinden und die vorgeführten Vorgänge etc. besser nachvollziehen und somit nachmachen. Die Art der Gestaltung ermögliche eine bessere Orientierung und erziele Transparenz; daraus ergäbe sich Sicherheit. Zudem würden verschiedene Sinne angesprochen (Sehen und Hören), was eine deutliche Steigerung der Aufmerksamkeit zur Folge hätte, die wiederum zur Steigerung der Lernleistung führe. Somit hätten laut der Erziehungswissenschaftlerin Anja Frey Erklärvideos gleichermaßen kognitive, motivationale und emotionale Aufgaben, denn durch die Mimik und Stimme des Sprechers würden die Adressaten besonders angesprochen und auch persönlich eingebunden (Adressatenbezug). Außerdem sei es möglich, das Lerntempo selbst zu bestimmen, da man stoppen, zurückspulen und wiederholen könne, was die Motivation steigere.

Nina Bräutigam, die Autorin des Blog-Textes (M3, 2018), geht der Frage nach ob YouTube-Lernvideos den Schulunterricht ersetzen können. Dabei setzt sie sich kritisch mit den Gefahren, die Lernvideos bergen, auseinander. Sie merkt an, dass die Produzenten solcher Erklärvideos keine Lehrer oder Wissenschaftler seien, was bedeuten könnte, dass die Zuschauer Falsches lernen, denn die Inhalte würden nicht geprüft, sondern die Reihenfolge im Netz würde lediglich nach der Anzahl der positiven und negativen Bewertungen ermittelt und die User würden höchstens selbst auf Fehler aufmerksam machen. Zwar seien laut dem Nachhilfelehrer Mirko Deutschmann Informationen im Netz vielfältig und schnell verfügbar, doch führten sie auch häufig zur Aneignung falschen Wissens, da sie zum Teil wissenschaftlich nicht korrekt seien. Er fordert zur Verbesserung der Qualität die Vernetzung der Anbieter sowie die Einführung eines gemeinsamen Siegels. Kritisiert werde auch, beispielsweise durch Professor Stefan Aufenanger, dass durch bloßes Aufnehmen keine sozialen Kompetenzen vermittelt würden. So genüge reines Faktenwissen für das spätere Leben nicht; die Schülerinnen und Schüler müssten z. B. durch Gruppenarbeit Konflikt- und Diskursfähigkeit entwickeln. Zudem hätten sie keine Möglichkeit, direkt Fragen zu stellen oder zu diskutieren.

Wenn man die in den Materialien 2 und 3 dargestellten Positionen bezüglich der Möglichkeiten und Grenzen von Erklärvideos im Unterricht vergleicht, fällt auf, dass die Ansichten diesbezüglich recht weit auseinandergehen und dass hier Verbesserungsbedarf besteht. Obwohl viele Lehrerinnen und Lehrer ihren Schülerinnen und Schülern mittlerweile die Nutzung von Erklärvideos empfehlen (M2), z. B. um mathematische Aufgaben zu wiederholen und Vokabeln zu lernen, warnen Experten auch davor, da die Produzenten der Videos häufig nicht fachlich oder pädagogisch ausgebildet seien (M3). Zwar würde dieses sogenannte „Lernen durch Nachahmen" das Lernen positiv beeinflussen und damit den Lernerfolg durch Verständnis, Sicherheit und Überblick steigern (M2), gleichermaßen könnte die mangelnde Qualifikation der Absender auch dazu führen, dass die Lernenden sich falsches Wissen aneignen, denn es gibt im Internet keine Qualitätskontrollen (M3). Hier versprechen sich Experten Abhilfe durch die Vernetzung von Anbietern und den Zusammenschluss durch ein gemeinsames Siegel. Dennoch wäre die Vielfalt des Angebots kaum offiziell zu überprüfen. Nur die User bestimmen durch ihre Bewertungen die Stellung des Videos in der Rangfolge im Netz. Sie könnten zwar auf Fehler aufmerksam machen (M3), was aber ebensowenig überprüfbar wäre. Positiv zu bewerten ist aber auch, dass Erklärvideos zu einer gesteigerten Aufmerksamkeit führen, da der Lernende direkt angesprochen wird; zudem sind Gestaltung und Sprache der Zielgruppe angepasst, was deutlich die Motivation fördert. Somit wird der Lernende stärker in das Geschehen eingebunden und kann selbst entscheiden, wann er eine Sequenz anhalten, zurückspulen und wiederholen möchte (M2). So kann er sein Lerntempo individuell bestimmen und erfährt durch die technischen Nutzungsmöglichkeiten eine zusätzliche Motivation, aber auch Kompetenz. Demgegenüber merken Erziehungswissenschaftler an (M3), dass soziale Kompetenzen nicht vermittelt würden, da kein sozialer Austausch mit anderen Lernenden stattfindet. Es fehlt der soziale Kontakt ebenso wie die Arbeit in Gruppen. Man könne weder Fragen stellen noch diskutieren (M3). Durch diese fehlende persönliche Auseinandersetzung werden weder Konflikt- noch Diskursfähigkeiten ausgebaut, sodass die Jugendlichen diesbezüglich nicht auf das spätere Leben vorbereitet würden (M3). Der Vergleich zeigt auf, dass der Einsatz von Erklärvideos viele Möglichkeiten, aber auch deutliche Grenzen bezüglich des Einsatzes im Unterricht mit sich bringt.

Eine Mitschülerin kommentiert Lernvideos so: „Erklärvideos steigern den individuellen Lernerfolg." Wie aus der Darstellung der Ergebnisse zur „Empirische[n] Studie über den Gebrauch von Erklärvideos in Deutschland" (2016) (vgl. M1b) zu entnehmen ist, nutzen bereits zwischen ca. 60 und 80 % aller Menschen Erklärvideos und 85 % dieser Befragten würden es auch weiterhin tun. Damit ist belegt, dass diese Art von Videos zumindest als hilf- oder lehrreich bewertet werden, um sich Wissen auf verständliche Weise anzueignen, Vorgänge zu verstehen und nachzuahmen oder Fähigkeiten zu erwerben (M1a). Gleichermaßen bestätigen Erziehungswissenschaftler wie Anja Frey (s. M2), dass Erklärvideos die Motivation steigern und Empathie erzeugen können, da sie sich einerseits direkt und zumeist umgangssprachlich an ihre Adressaten wenden und diese ins Geschehen einbeziehen. Zudem kann man sich das Video bei mangelndem Verständnis noch einmal ansehen oder ein weiteres zum gleichen Thema wählen. Dies ermöglicht einen Überblick über ein Thema und vermittelt Sicherheit für den Lernenden (M2). Schwierig ist jedoch, dass für den Zuschauer nicht nachprüfbar ist, ob die vermittelten Informationen fachlich korrekt sind, da sie nicht überprüft werden und nahezu jeder zum Produzenten solcher Videos werden kann (M3). Es fehlt dementsprechend die kritische Instanz. Ebenso sitzt der User ganz allein vor dem Bildschirm, eignet sich zwar Wissen an, kann sich aber darüber mit niemandem austauschen oder etwa Fragen stellen (M3). Meiner Ansicht nach hat die Schülerin daher mit ihrer Beurteilung nur zum Teil recht, denn sicherlich kann der Nutzer Videos zum Lernen gewinnbringend einsetzen, schnell etwas nachschlagen (vgl. M3) und so sein Wissen zeitnah erweitern. Dennoch sollte er sich dessen bewusst sein, dass das Video nicht immer von Experten oder Fachleuten eingestellt wurde. Er kann aber auch selbstständig die Quelle prüfen und einschätzen, ob dieser qualitativ zu trauen ist. Zudem könnte man zum gleichen Sachverhalt verschiedene Videos abrufen. Hier muss man allerdings unterscheiden, ob es dabei zum Beispiel nur um Kochrezepte oder aber beispielsweise um geschichtliche Zahlen und Fakten geht. Vergleicht man aber die Quellen, so könnte man Mehrfachnennungen vergleichen und so sichergehen. Bezogen auf das individuelle Lernen kann man bezüglich der Lernvideos aber auf jeden Fall von einem Lernerfolg ausgehen. Allein die persönliche Auseinandersetzung mit einem Thema und die Recherche nach Videos führen schon dazu, dass man seine Kenntnisse und Fähigkeiten erweitert. In der Schule hingegen könnten Erklärvideos zur methodischen Abwechslung eingesetzt werden, die vorher vom Lehrer auf sachliche Richtigkeit geprüft wurden. Daher teile ich die von der Schülerin geäußerte Beurteilung mit diesen Einschränkungen.

F 5 Aufgabentyp 4b: Das Smartphone – Unser ständiger Begleiter (selbstständiges Üben)

Seite 136

Mögliche Schülerlösung:
Alle drei Materialien beschäftigen sich damit, wie der Gebrauch des Smartphones unser tägliches Leben prägt und beeinflusst. In dem Autorentext „Das Smartphone – Unser ständiger Begleiter" wird allgemein darüber informiert, welche Rolle das das Smartphone mittlerweile in unserem Leben spielt. Material 2 ist ein bitkom-Schaubild mit dem Titel „Das Smartphone als mobiler Alleskönner im Alltag". Es stellt dar, wie viele Smartphone-Nutzer verschiedene Funktionen ihres Gerätes nutzen. Material 3 basiert auf dem gleichnamigen Zeitungsartikel namens „Menschen, die auf Smartphones starren" von Helmut Hetzel. Der Text beschreibt, dass man täglich an Supermarktkassen, im Bus oder in der Schlange beim Bäcker beobachten kann, dass die Menschen nicht mehr einfach warten, bis sie bedient werden, sondern stattdessen nur noch mit ihrem Smartphone beschäftigt sind.

Material 1 macht deutlich, wie stark das Mobiltelefon unseren Alltag verändert hat. So gibt es in 99 Prozent der deutschen Haushalte mittlerweile ein Smartphone. In der Altersgruppe der 12- bis 19-Jährigen besitzen ebenfalls 99 Prozent ein Smartphone. Die Möglichkeiten, diese Geräte zu nutzen, werden immer vielfältiger und komplexer. So ist ein Smartphone gleichzeitig Fotoapparat und Videokamera, Vokabeltrainer, ein Abspielgerät für Musik, ein Navi usw. Über ihr Mobiltelefon sind die Menschen heute ständig und überall erreichbar und erwarten dies auch von ihren Mitmenschen. Trotzdem geht mehr als die Hälfte der Telefongespräche, Nachrichten und SMS nur an durchschnittlich vier bis sechs Menschen, nämlich an die engsten Verwandten und Freunde. Forscher sehen in dieser Zahl den Beweis dafür, wie stark das Mobiltelefon zum festen Bestandteil der Privatsphäre geworden ist.

Auch Material 2 macht deutlich, welche tragende Rolle das Smartphone heutzutage im Leben der Menschen spielt. Schon der Titel des Schaubildes „Smartphone als mobiler Alleskönner im Alltag" zeigt, dass das Smartphone nicht mehr einfach nur ein Gerät ist, mit dem man unterwegs telefonieren kann. Das Smartphone bietet den Menschen noch viele weitere Funktionen, die ihnen den Alltag erleichtern sollen – und die sie auch gerne nutzen. So verwenden alle Smartphone-Besitzer, also 100 Prozent, ihr Smartphone zum Telefonieren. Knapp dahinter, mit 90 Prozent, folgt die Nutzung zum Fotografieren bzw. als Videokamera. Immerhin noch 79 Prozent nutzen ihr Smartphone als Suchmaschine, um damit im Internet bestimmte Informationen ausfindig zu machen. Um Musik zu hören, Nachrichten zu versenden und für die sozialen Netzwerke benutzen es noch knapp 70 Prozent aller Smartphone-Besitzer. Selbst als Navigationsgerät oder als Kartendienst wird es noch von 64 Prozent aller Nutzer eingesetzt. Dass das Smartphone mittlerweile in jeder Lebenslage präsent ist, wird auch daran deutlich, dass mittlerweile sogar die Bankgeschäfte von gut der Hälfte der Nutzer über ihr Smartphone laufen (46 Prozent). Gut ein Viertel aller Nutzer nutzt das Smartphone sogar zum Dating, also um einen Partner oder eine Partnerin kennenzulernen! Material 2 macht somit sehr deutlich, dass sich mit steigender Anzahl der genutzen Funktionen auch die Rolle des Smartphones ändert. Es wird ein immer wichtigerer Teil unseres Alltags, ohne den man sich das Leben kaum noch vorstellen kann.

Material 3 beschreibt, dass man täglich an Supermarktkassen, im Bus oder in der Schlange beim Bäcker beobachten kann, dass die Menschen nicht mehr einfach nur warten, bis sie an der Reihe sind, sondern stattdessen nur noch mit ihrem Smartphone beschäftigt sind. Deshalb hat nun ein Bäcker seinen Kunden in der Warteschlange verboten, das Handy zu nutzen – und er ist nicht der Einzige. In bestimmten Restaurants werden Gäste nicht mehr bedient, die ihr Smartphone benutzen. Ebenso wird in großen Einkaufszentren oder Warenhäusern mittlerweile darüber nachgedacht, vor den Kassen das Nutzen des Smartphones zu verbieten.

Alle drei Materialien verdeutlichen, dass das Handy bzw. Smartphone heute eine zentrale Bedeutung für unser Leben hat. M1 wägt dabei recht sachlich die Vor- und Nachteile des Smartphones gegeneinander ab. Als deutliche Vorteile werden dabei die immer vielfältiger werdenden Nutzungsmöglichkeiten (Z. 8 – 9) genannt. Die Aussagen und Beispiele der positiven Nutzung, z. B. Posten in sozialen Netzwerken, vielfältige Kamerafunktionen oder um Musik zu hören (Z. 10 – 17), werden anhand der Aussagen von M2 durch entsprechende Prozentzahlen belegt. Als deutlicher Vorteil wird in M1 (Z. 25 – 29) der kommunikative Aspekt des Smartphones, wie das Verschicken von netten SMS oder fröhlich machenden Videos, genannt. Auch die Möglichkeit, Gefühle und Gedanken untereinander zu teilen, stellt einen Vorteil dar. Offensichtlich fördert das Smartphone auch die Emotionalität der Nutzer.

Deutlich negativer wird die Handy-Nutzung in M3 gesehen. Hier werden vor allem die Nachteile von Smartphones genannt. Anhand konkreter Alltagsbeispiele wird hier aufgezeigt, dass die Verwendung des Handys eher die Kommunikation mit den Menschen, die unmittelbar um den Nutzer herum agieren, hemmt. So werden Verkäufer beispielsweise von den telefonierenden oder surfenden Kunden ignoriert (Z. 9 – 10). Auch in M1 werden Nachteile des Smartphone-Gebrauchs genannt. So bewirkt die starke Verbreitung, dass es für die überwiegende Anzahl der Smartphone-Nutzer selbstverständlich ist, ständig erreichbar zu sein und dieses auch von ihren Mitmenschen erwarten (Z. 10 – 12, Z. 18 – 19). Somit kann die ständige Verwendung des Smartphones zu einer starken Beeinträchtigung der Privatsphäre führen.

Wenn eine Kassiererin klagt „Man fühlt sich behandelt wie ein Stück Vieh. Während ich bediene und die Einkäufe in die Kasse eingebe, reden sie munter ins Telefon und beachten mich überhaupt nicht. Das ist sehr beleidigend." kann ich das sehr gut nachvollziehen. Schließlich wollen die Menschen an der Kasse doch eigentlich etwas von der Verkäuferin, trotzdem beachten sie sie aber nicht. Das ist gegenüber den Angestellten sehr unhöflich. Und wenn dann aus Unachtsamkeit des Telefonierenden ein Fehler passiert, bekommt dann wahrscheinlich noch die Kassiererin die Schuld dafür – und das ist unfair. Wer in der Schlange im Kaufhaus oder beim Bäcker telefoniert, Nachrichten tippt oder nebenbei die Fußballergebnisse checkt, hält zudem noch alles auf, weil er sich nicht auf das Einkaufen bzw. Bezahlen konzentrieren kann. Das ist auch für die nachfolgenden Kunden sehr ärgerlich, weil sie dadurch Zeit verlieren.

Auch wenn ich selbst ein Smartphone habe, das ich oft und gerne nutze, denke ich, dass man in gewissen Situationen darauf verzichten muss. Gerade an der Kasse, im Restaurant oder auch während eines Gesprächs kann man das Handy doch auch einfach in der Tasche lassen. Auch wenn es Vorteile hat, immer erreichbar zu sein, gibt es Situationen, in denen man sich besser auf eine Sache konzentrieren sollte. Ich finde es deshalb auch völlig in Ordnung, wenn Geschäfte und Restaurants, wie in M3 beschrieben, aus Rücksichtnahme auf Verkäufer und andere Kunden, den Gebrauch von Mobiltelefonen verbieten.

Schreibplan zu Kapitel C 1.5, Seite 34/35 (5.–10.)

	① a) Überschrift	① b) Cornelia Funke vorstellen	① c) Themen ihrer Bücher/Funktion der Literatur	① d) Arbeitsweise erläutern/Warum keine „Schreibblockaden"?	① e) Bedeutung der Bücher/Gründe für den Erfolg/Bücher als „Fenster und Türen"	Daran muss ich denken:
M 1	---	– 10.12.1958 (Dorsten/NRW) – Ausbildung: Diplompädagogin – heute international erfolgreiche Autorin (70 Kinder- und Jugendbücher, Gesamtauflage: 31 Millionen, in 50 Sprachen übersetzt) – ihre Bücher dienen als Vorlagen für Hörbücher, Spiele und Apps – Patin des Kinderhospizes Bethel, Botschafterin der UN-Dekade Biologische Vielfalt – Durchbruch mit *Herr der Diebe* – viele Auszeichnungen (Literaturpreise, Bundesverdienstkreuz)	– Geschichten von Drachen, Rittern, Zauberei, Träumen – auch reale Alltagsgeschichten	---	---	– Materialien mehrfach lesen – Informationen zu den Teilaufgaben bunt markieren → Übersichtlichkeit – Notizen in eigenen Worten verschriftlichen – ein Material kann Informationen zu verschiedenen Teilaufgaben enthalten – Teilaufgaben durchnummerieren, Nummern als Gedankenstütze an den Rand neben die Materialien schreiben
M 2	---	---	– ihre Figuren sind inspiriert von Kindern, die sie in ihrer Zeit als Erzieherin getroffen hat – verarbeitet reale Erfahrungen	---	---	
M 3	Sonderpreis des Deutschen Jugendliteraturpreises 2020 geht an Cornelia Funke	– Sonderpreis des Deutschen Jugendliteraturpreises geht 2020 an Cornelia Funke		---	---	
M 4	---	– erfolgreichste Jugendbuchautorin Deutschlands	– Fantasy-Romane mit magischen Welten – märchenhafte Realitäten – Zitat: „Es ist eigentlich realistischer, fantastisch zu schreiben" – Kinder wüssten, wie gefährlich die Welt sei; beim Lesen würden sie in der Sicherheit des Buches ausprobieren, wie bedrohliche Situationen gemeistert werden könnten	– wird Buchillustratorin, schreibt Geschichten zu ihren Zeichnungen – lebt nun in Malibu/Kalifornien („altes Indianerland" → kulturell anregend) – taucht für ihre Bücher ein in die Kultur sowie die Mythen und Märchen fremder Länder	– war als Kind ein „Bücherwurm" – Bücher als „Fenster und Türen", die aus der engen Welt ihrer Heimatstadt Dorsten hinausführten – engagiert sich bereits mit 14 bei Amnesty International – sorgt sich um den Klimawandel – vergibt Stipendien an junge Künstler → will auch Mentorin sein	
M 5	---	---	– Fabelwesen (Greife, Drachen, Kobolde)	---	---	
M 6	---	---	---	– hat 90 Notizbücher mit Recherchen, Fotos, Skizzen, Zeichnungen; man kann so nachvollziehen, wie die Romane entstanden sind – arbeitet immer an mehreren Projekten gleichzeitig – entwickelt zuerst den Plot, dann wird ausgefeilt: Sprache, Charaktere; so entstehen drei, vier Fassungen – Schreibblockaden kennt sie nicht: die Geschichte versteckt sich, man muss sie suchen; Cornelia Funke findet das aufregend	– zitiert Michelangelo zu David: „Der war doch da drin, ich musste den nur finden."	

Schreibplan zu Kapitel C 2.6

Seite 45 – 48
6. – 12.

Teilaufgaben	Stichworte zur Bearbeitung
❶ a) Einleitung: TATTE-Satz	– <u>Titel</u>: Marathon – <u>Autor</u>: Reinhold Ziegler – <u>Textart</u>: kurze Erzählung (epischer Text) – <u>Thema</u>: gestörte Beziehung zwischen Vater und Sohn, die den Sohn aufgrund des übermäßigen Ehrgeizes des Vaters so lange beeinflusst, bis er sich befreien kann – <u>Erscheinungsjahr</u>: 2001
❶ b) Inhalt zusammenfassen	– bereits als der Sohn noch ganz klein ist, hat sein Vater große Erwartungen an ihn – wenn der Sohn zurückdenkt, hat der Vater schon in seiner Kindheit ungeduldig auf den Laufstil seines Sohnes geachtet, denn er ist stolz auf ihn und glaubt an sein Talent und seine Karriere – mit 13 Jahren nimmt der Sohn an einem Wettbewerb teil und läuft gegen Ältere; sein Vater feuert ihn an und er beißt sich durch, sodass der Vater ihn lobt, weil der Ausgang des Rennens knapp gewesen ist – im Folgejahr gewinnt der Sohn das Rennen tatsächlich und wird als deutsches Talent und Olympiahoffnung gefeiert; er vergisst, dass er seinen Vater aufgrund des ständigen Drucks eigentlich hasst – der Sohn beginnt, Sport zu studieren, trainiert weiter, verpasst aber die olympische Qualifikation – er fängt an, für den Marathonlauf zu trainieren, ist aber nicht gut genug – Sohn besucht die Eltern zu Hause, fühlt sich als Versager – Sohn geht mit dem Vater einen Marathon laufen, obwohl dieser noch nie so lange gerannt ist; er will sich bei ihm für den ständigen Druck in der Jugend rächen – Vater ist völlig erschöpft und muss aufgeben – nach einer Weile realisiert er die eigentlichen Gefühle seines Sohnes und ist entsetzt – der Sohn bemerkt, dass er seinen Vater nun nicht mehr hasst
❶ c) Entwicklung der Sportlerkarriere (Sohn) darstellen; Erreichen und Nicht-Erreichen der Ziele erklären	– Sohn „muss" als Kind lernen, wie er richtig läuft (Z. 4); Vater trainiert ständig mit ihm und feuert ihn an (Z. 4 – 34) → Vater ist stolz auf, gibt mit ihm an (Z. 35 – 37) – 13. Geburtstag: 1. Mal 5000-Meter-Lauf (Z. 40 – 47); Sohn läuft gegen 18-Jährige → Vereinsmitglieder und Vater feuern ihn an; Vater läuft sogar neben ihm her → Sohn gewinnt zwar nicht, doch der Vater scheint zufrieden (Z. 62 – 67); Sohn saugt dieses Lob in sich auf; Vater setzt das Ziel, den Lauf im nächsten Jahr zu gewinnen – im nächsten Jahr gewinnt der Sohn dasselbe Rennen (Z. 80 – 83) → Druck verstärkt sich durch die Medien: „das große deutsche Talent" (Z. 85), „unsere Olympiahoffnung" (Z. 86) → durch den Erfolg wird der Hass auf den Vater und seine Trainingsmethoden geringer – während des Sportstudiums wird das Training professioneller (Z. 91 – 98), doch Sohn verpasst die Olympianorm → Ernüchterung; Umstellung des Training auf Marathonlauf (Z. 101 – 102) → doch auch dafür ist er nicht gut genug → Junge hat nicht genug Talent; Trainingsmethoden des Vaters bringen nicht den gewünschten Erfolg
❶ d) Beziehung (Vater + Sohn) erläutern + Textbelege	– schwieriges Verhältnis, da Vater den Sohn von klein auf durch das Training und seine Erwartungshaltung unter Druck gesetzt hat (Z. 1 – 39) – Ich-Erzähler meint sogar, seinen Vater später zu hassen, während er dies als Kind noch nicht tat („Ob ich meinen Vater schon hasste, als ich auf die Welt kam, bezweifle ich.", Z. 1 – 3) – kein normales Vater-Sohn-Verhältnis, der Vater erscheint durch den übermäßigen Ehrgeiz wie ein Antreiber – solange das Training Erfolg bringt, scheint das Verhältnis für den Sohn in Ordnung zu sein und er wächst innerlich durch das Lob des Vaters (Z. 62 – 67, Z. 80 – 90) – als Kind jedoch und als die gewünschten Erfolge ausbleiben, hasst der Junge seinen Vater für den ständigen Erfolgsdruck und – wie sich später herausstellt – er kann der Erwartungshaltung des Vaters nicht gerecht werden (Z. 106 – 110)

❶ e) Untersuchung: Druck des Vaters begleitet Sohn (Satzbau, sprachl. Gestaltungsmittel, Erzählform und -haltung); Ende des Textes erklären	– Sohn muss seine Kindheit und Jugend verarbeiten, denn er denkt immer wieder an die Anweisungen seines Vaters – auch als er schon studiert → Wiederholungen: „Auf, auf!" (Z. 25, Z. 38/39 …), „Schritt, Schritt, ein – Schritt, Schritt, aus" (Z. 28/29 …); diese Äußerungen verfolgen ihn, weil der Vater sie immer wieder beim Trainieren wiederholt hat – der Ich-Erzähler nutzt viele Vergleiche: „[…] der eben ging, wie ein Kind geht […]" (Z. 14/15) → macht deutlich, dass er eigentlich ein ganz normales Kind war – die Beschreibungen seines Bemühens während der Wettkämpfe („[…] lief wie bewusstlos […]", Z. 57 = Vergleich) verdeutlichen, dass er zwar sein Bestes gegeben hat, aber doch nie der Erwartungshaltung seines Vaters gerecht werden konnte, die im Grunde viel zu hoch war – die Erwartungshaltung wird später durch die Medien noch gesteigert, denn sie beschreiben ihn als „das große deutsche Talent" (Z. 85) und „unsere Olympiahoffnung" (Z. 86) – er klammert sich an das Lob seines Vaters: „Gut gemacht, mein Läuferlein" (Z. 61), weil er selber nach Bestätigung sucht; durch einen metaphorischen Vergleich wird deutlich, wie sehr der Sohn sich nach der Anerkennung des Vaters sehnt: „Und ich nahm diese Worte und schloss sie ein wie einen Edelstein, den man immer mal wieder ganz allein hervorholt, um ihn zu betrachten." (Z. 62–66) – später im Studium wird deutlich, dass das ganze Training in der Kindheit und Jugend nicht zu dem gewünschten Erfolg geführt haben: „[…] für die Welt, die ganze große Welt, war ich auch hier nicht gut genug." (Z. 108–110) – durch die Ich-Erzählform und die teilweise eher distanzierte Erzählhaltung wirkt die Darstellung zuweilen wie ein Bericht, in dem der Sohn den Verlauf von Kindheit und Jugend zusammenfasst; damit leitet er auf das Ende hin – Sohn behandelt den Vater bei seinem Besuch zu Hause ebenso, wie dieser ihn in der Jugend und Kindheit behandelt hat; sie laufen gemeinsam einen Marathon – Sohn treibt Vater an, obwohl er weiß, dass dieser seine Grenzen überschreiten muss, denn er ist mittlerweile alt; außerdem ist dieser noch nie Marathon gelaufen (Z. 127–129); dazu nutzt er dieselben Worte wie sein Vater damals: „Auf, auf!" (Z. 155) – fast schadenfroh wünscht er sich, ihn umzubringen (Z. 143), will ihn „winseln" (Z. 144) hören – der Ausdruck „das letzte Rennen meines Lebens" (Z. 164–165) zeigt, dass der Sohn in dieser Situation mit dem Vater abrechnet; er geht als Sieger daraus hervor: „[…] und niemand konnte mich daran hindern, es für immer zu gewinnen." (Z. 166–167) – als der Vater hilflos zusammenbricht, merkt der Sohn, dass ihm diese Reaktion als Rache reicht; der Text endet mit parataktischen Sätzen (Z. 194–195): „Ganz ruhig, fast gelassen. Nebeneinander.", die einen Abschluss des Konflikts signalisieren
❶ f) Auseinandersetzung mit der Schüleraussage + Begründung + Textbelege	– ein Mitschüler sagt über den Text, er finde, der Sohn sei gemein zu seinem Vater gewesen, obwohl dieser doch nur sein Bestes wollte – damit meint er, dass er den Vater zu einem Marathonlauf gezwungen habe, obwohl er weiß, dass der Vater noch nie einen gelaufen ist (Z. 127–129) und auch schon alt ist. – Reaktion des Sohnes ist nachvollziehbar, da der Vater durch seine übermäßige Erwartungshaltung den Alltag des Sohnes von Kind an bestimmt hat → Aufbau von Druck, Verlust der Kindheit (Z. 20–39) – der Sohn musste sich ständig mit anderen messen (Z. 40–47) und durfte nicht selber über sein Leben entscheiden – offenes Gespräch mit dem Vater wäre vermutlich nicht möglich gewesen; der Sohn will den Vater am eigenen Leib spüren lassen, wie es ist, ständig angetrieben zu werden, aber letztlich doch zu versagen

Schreibplan zu Kapitel C 2.7

Seite 52–55
6.–12.

Teilaufgaben	Stichworte zur Bearbeitung
❶ a) Einleitung: TATTE-Satz	– <u>T</u>itel: Sachliche Romanze – <u>A</u>utor: Erich Kästner – <u>T</u>extart: Gedicht (lyrischer Text) – <u>T</u>hema: gestörte Beziehung zwischen Mann und Frau, die aufgrund von Alltag und Gewohnheit keine Liebe mehr zueinander spüren und nichts dagegen tun können – <u>E</u>rscheinungsjahr: 1928
❶ b) Inhalt zusammenfassen	– ein Paar stellt nach acht Jahren Beziehung fest, dass die Liebe plötzlich fort ist – die Partner wollen es nicht wahrhaben und bemühen sich, dennoch Zärtlichkeiten auszutauschen; dies endet in Traurig- und Ratlosigkeit – am Nachmittag besuchen sie wie immer ein Café im Ort und vertreiben sich die Zeit, indem sie aus dem Fenster schauen und den Geräuschen rundherum lauschen; sie bleiben sprachlos bis zum Abend sitzen
❶ c) Beziehung beschreiben + Textbelege	– die Beziehung der beiden ist dem Alltagstrott und der Gewohnheit verfallen (V. 2) – sie stellen fest, dass die Liebe „abhanden" gekommen ist (V. 3) → das belastet die beiden Partner, doch sie wollen es nicht wahrhaben (V. 5), denn sie verhalten sich anders als sie eigentlich fühlen (V. 5) und verharren eher passiv – Frau und Mann gehen mit dieser Feststellung unterschiedlich um: die Frau weint, er steht hilflos daneben (V. 8); beide wissen sich nicht zu helfen (V. 7) – die Beziehung scheint eigentlich am Ende zu sein
❶ d) Liebe ist „abhanden" (V. 3) gekommen – Eindruck mithilfe von Form und Sprache erklären	– Partner stellen fest, dass die Liebe ein Gefühl ist, das vergehen kann (V. 3); dieser Vorgang wird durch einen Vergleich („Hut", „Stock", V. 4) als fast gewöhnlich dargestellt → alltäglich; Wirkung entsteht durch Kreuzreim und gleichmäßigen Rhythmus (Metrum) → wirkt z. T. ironisch – beide Partner versuchen dennoch weiterzumachen (Vergleich V. 6: „[sie] versuchten Küsse, als ob nichts sei"), doch auch ihre Ratlosigkeit wird durch Parataxen, die mit der Konjunktion „und" (V. 7) verknüpft sind, deutlich → wollen/können sich nicht mit den wahren Gründen auseinandersetzen, sondern machen einfach in ihrem Alltagstrott weiter – ihre Hilflosigkeit zeigt besonders in den beiden aufeinanderfolgenden Hauptsätzen (Parataxe, V. 8: „Da weinte sie schließlich. Und er stand dabei.") → Frau reagiert emotional; Mann weiß nicht, was er machen soll – 3. Strophe: Verwendung des unpersönlichen Fürwortes „man" (V. 9) → Situation wird versachlicht, ist allgemein übertragbar – Nebensächliches wird erwähnt: „Nebenan übte ein Mensch Klavier." (V. 12) – 4. Strophe: Parallelismen wirken als Aufzählung der Handlungen (V. 13–17) → Partner sitzen wortlos bis zum Abend nebeneinander; obwohl sie ihr Problem erfasst haben, unternehmen sie nichts, sondern „[...] konnten es einfach nicht fassen." (V. 17)
❶ e) Titel „Sachliche Romanze" erklären + Textbelege	– der Titel „Sachliche Romanze" ist ein Oxymoron, d. h. eine Verbindung von sich eigentlich ausschließenden Begriffen – damit verdeutlicht Kästner die verlorene Liebe: Beziehung ist nicht romantisch oder liebevoll, sondern nach außen hin gefühlskalt und durch Untätigkeit geprägt – zwar befinden sich beide Partner in einer Beziehung (V. 1, V. 3, V. 17), doch das Verhältnis ist mit Unterstützung durch die formale und sprachliche Darstellung als eher „sachlich" zu beschreiben, was z. B. durch den parataktischen Satzbau und die Parallelismen deutlich wird: Partner haben sich nichts mehr zu sagen und auch der Austausch von Zärtlichkeiten wirkt gewöhnlich – der Sprecher im Gedicht ist gestaltlos und beschreibt die Situation als Beobachtender, was den sachlichen Charakter ebenfalls verstärkt

| **❶ f) Text aus der Sicht einer Figur verfassen** | Text aus Sicht der Frau in der Ich-Form verfassen, dabei folgende Aspekte/Fragen berücksichtigen:
<u>1. Darstellung der Gedanken der Frau in Bezug auf ihre Beziehung</u>
– Was ist nur passiert? Wir kennen uns seit 8 Jahren und auf einmal ist alles so gleichgültig geworden …
– keiner will sich eingestehen, dass unsere Beziehung dem Alltag zum Opfer gefallen ist und wir uns nichts mehr zu sagen haben
– manchmal bin ich deswegen so traurig, dass ich nicht mehr weiterweiß, aber er tröstet mich nicht einmal, stattdessen steht er einfach nur sprachlos neben mir
– dass von ihm überhaupt keine Reaktion kommt, finde ich am allerschlimmsten, als ich neulich weinen musste, hat er mich nicht einmal in den Arm genommen

<u>2. Gefühle der Frau für ihren Partner</u>
– momentan weiß ich nicht, was ich noch für ihn fühlen soll, bin irgendwie nur noch aus Gewohnheit mit ihm zusammen
– aber irgendetwas in mir, und vielleicht auch in ihm, will die Beziehung doch aufrecht erhalten, sonst hätten wir doch neulich nicht noch den ganzen Nachmittag gemeinsam in dem Café gesessen, sondern wären da schon getrennte Wege gegangen

<u>3. Warum kann die Frau die Situation „einfach nicht fassen"?</u>
– ich kann einfach nicht fassen, dass das gerade uns passiert ist; schließlich waren wir so verliebt
– wir haben uns doch fest vorgenommen, gut auf unsere Beziehung Acht zu geben; trotzdem sind wir jetzt in dieser schrecklichen Situation |

Schreibplan zu Kapitel C 3.5

Seite 64 – 66
7. – 11.

Teilaufgaben	Material 1	Material 2
❶ a) TATTE-Satz = Vorstellen der Materialien/	– Titel: **Computerspielen** als Chance? – Autor: Harald Stöveken, unter Verwendung verschiedener Materialien – Textart: informierender Text – Erscheinungsjahr: 2016	– Titel: **Digitale Spiele**: Nutzungsfrequenz 2020 – Autor: Medienpädagogischer Forschungsverbund Südwest, JIM-Studie – Textart: Diagramm – Erscheinungsjahr: 2020
Benennung des gemeinsamen Themas	Computerspiele/Digitale Spiele	
❶ b) Informationen aus M1 zusammenfassen	– Spiele fördern das Lernen, regen an – Spiele fördern verschiedenste Fähigkeiten und Kompetenzen – auch Computerspiele sind Spiele und somit Lernspiel und Lernhilfe – man muss mit einer Menge an Informationen umgehen können, um bei einem Computerspiel erfolgreich zu sein – Untersuchungen haben ergeben: Computerspiele fördern verschiedene Kompetenzen und Fähigkeiten, die für das Berufsleben des 21. Jahrhunderts enorm wichtig sind – Risiken: mehrere Stunden am Tag Computerspielen = Rückenbeschwerden, Augenschmerzen, Verspannungen und Krämpfe – Suchtgefahr – Computerspiele allein rufen zwar keine Gewalttaten hervor, sie können aber eine deutlich aggressionsfördernde Wirkung auf die Spieler haben	
❶ c) Darstellen, wie häufig Jugendliche digitale Spiele spielen (M2)		– Thema: Nutzungshäufigkeit digitaler Spiele in Deutschland in 2020 – digitale Spiele = Computer-, Konsolen-, Online-, Tablet- oder Handyspiele – Nutzungshäufigkeit: täglich/mehrmals pro Woche; einmal pro Woche – einmal pro 14 Tage; einmal im Monat – seltener; nie – befragt wurden: Jungen und Mädchen im Alter von 12 – 13, 14 – 15, 16 – 17 und 18 – 19 Jahren – außerdem Aufgliederung nach den Schulformen Haupt-/Realschule und Gymnasium – 68 Prozent aller Jugendlichen im Alter von 12 – 19 Jahren spielen täglich bzw. mehrmals pro Woche – Jungen spielen deutlich häufiger als Mädchen → 79 Prozent der Jungen im Alter von 12 bis 19 Jahren spielen täglich bzw. mehrmals pro Woche, aber nur 56 Prozent der Mädchen – Der Anteil der Jugendlichen, die täglich bzw. mehrmals pro Woche digitale Spiele spielen, sinkt mit zunehmendem Alter: Während in der Altersgruppe der 12- bis 13-Jährigen 78 Prozent täglich,

		bzw. mehrmals pro Woche spielen sinkt der Anteil unter den 16- bis 17-Jährigen bzw. 18- bis 19-Jährigen auf 62 bzw. 61 Prozent. Im Vergleich dazu steigt auch der Anteil der Jugendlichen, die niemals digitale Spiele spielen (12 – 13 Jahre: 6 Prozent; 16 – 17 Jahre: 11 Prozent; 18 – 19 Jahre: 8 Prozent). – Schüler der Haupt-/Realschule spielen häufiger als Schüler des Gymnasiums (Haupt-/Realschule: 73 Prozent spielen täglich/mehrmals die Woche, Gymnasium: 65 Prozent)
❶ d) M1 und M2 in Beziehung setzen: positive und negative Auswirkungen von Computerspielen anhand von Beispielen erläutern; Nutzungsfrequenz digitaler Spiele berücksichtigen	**Positive Auswirkungen (M1):** – Computerspiele fördern verschiedenste Fähigkeiten und Kompetenzen, die im Berufsleben des 21. Jahrhunderts unbedingt benötigt werden: Sensomotorik (z. B. in der Auge-Hand-Koordination), kognitive Kompetenzen (z. B. im logischen Denken), Medienkompetenz (z. B. im Umgang mit Computersoftware), soziale Kompetenz (z. B. Teamfähigkeit durch das Spiel in der Gruppe), persönlichkeitsbezogene Kompetenzen (z. B. im Umgang mit Erfolg und Misserfolg) **Negative Auswirkungen (M1):** – gesundheitliche Probleme wie Rückenbeschwerden oder Augenschmerzen durch übermäßig langes Spielen – Sucht bzw. Suchtgefahr (in Deutschland derzeit ungefähr 3 Prozent der Jungen und 0,4 Prozent der Mädchen) – evtl. aggressionsfördernde Wirkung (nur bestimmte Spiele) → **M2 nennt keine Vor- und Nachteile von Computerspielen, sondern informiert allgemein über die Nutzungsfrequenz digitaler Spiele** → **Inhalte von M2 unterstreichen die Aussagen aus M1:** – 79 Prozent der Jungen im Alter von 12 – 19 Jahren spielt täglich bzw. mehrmals die Woche digitale Spiele (Achtung: Passt zu Aussagen aus M1: gesundheitliche Probleme durch übermäßiges Spielen, Jungen eher suchtgefährdet) – besonders hoch ist der Anteil der Schüler, die täglich bzw. mehrmals pro Woche spielen an der Haupt- bzw. Realschule	
❶ e) Stellungnahme zur Aussage des Medienforschers + Begründung (→ kein Verkauf von Computerspielen mit aggressiven Inhalten an Jugendliche unter 18, damit diese nicht süchtig oder sozial auffällig werden)	– kein sicherer Nachweis, dass sich Computerspiele mit gewalttätigem Inhalt negativ auf die Spielenden auswirken – können aber zu verringertem Mitleidsgefühl und Abstumpfen gegenüber Gewalt führen → aggressionsfördernde Wirkung – viele jugendliche Amokläufer haben harte Ballerspiele gespielt – Suchtgefahr, insbesondere bei Jungen	– Zahlen aus Diagramm weisen darauf hin, dass die Suchtgefahr ein ernstzunehmendes Problem ist